JN441316

보리밭에서 감자를 캐다

보리밭에서 감자를 캐다

김경택 산문집

시간의물레

목차 目次

사유

思惟

귀촌

歸村

건강

健康

낭만

浪漫

서문 序文

오늘도 바람이 분다

바쁘게 지낸 도시를 잠시 떠나 시골에서 농원 가꾸며 편히 숨 쉬고 싶다.

주어진 삶에 긴장의 끈은 소박한 열정이다.

게으르지 말고 존재를 소중하게 여기자는 다짐이다.

작은 텃밭에서 육체적, 정신적, 그리고 사회적 건강을 지키자는 지혜를 나누고 싶었다.

하찮은 망초꽃을 보고 감성을 나눌 수 있는 따뜻한 순수,

비료와 농약을 치지 않고 고추 상추를 키우고 싶은 영악한 순수,

머물지 않아야 생명체라는 당찬 포부와

맥없이 땀 흘리는 바보는 어리석지 말자는 의지를 담았다.

그동안 가진 생각, 의지, 환경 쉽게 버리지 못한다.

도시, 틀, 관념, 안일, 폐쇄, 균일, 고정 등에서 벗어나 성찰, 확장성, 다양성, 시대성의 추구에 소심해진다. 변화는 두려움을 동반한다.

아스팔트와 흙, 자동차 소음에서 계곡물 소리로, 아파트 숲보다 나무숲으로, 회색 도시에서 녹색 시골의 공간이다.

자연을 통해 변화의 소리를 본다.

우리의 첫사랑은 자연이니 본디로 돌아가는 길이다.

아직 낯선 나를 만나러 가는 길이다.

다가올 시련에 두려운 용기를 낸다.

허무의 삶을 허구라며 대드는 당찬 도전이다.

무소유를 소유하자는 횡설수설이 교훈이다.

사랑의 언어는 가슴으로 들어와 따뜻한 눈물이 된다. 어머니의 품이다.

소우주는 대우주를 품는다.

그동안 가보지 않은 길이다.

앞으로 가야 할 그 길에 대한 의연함이다.

숲을 가까이하는 이에게 그림 그릴 캔버스,

바람의 소리를 오선지에 담는다.

분주한 영혼의 도시인들에게 해방구,
텃밭을 통한 건강, 자신을 돌아볼 차분한 성찰,
작은 텃밭에서 미래를 꿈꾸고 AI를 재배한다.
그리고 좀 그립고 외로운 이들에게 공감의 장을 마련했다.
생계를 위해 귀농한 이에게는 매우 한가한 내용이겠지만
자연, 그 생태계를 지키자는 공동의식을 이야기 한다.
자연에서 사유하고 삶의 지혜를 구하고 싶은 초보 농부의 기록이다.

언제부터인지 글은 공부방이 되었다.
딸그락거리는 자판에 생각을 키운다. 성장판이다.
쓰고, 고치고, 지우고, 채워서 반듯한 문장을 만든다.
인품을 만든다.

2025. 12.

둔전마을 보리(菩提)밭에서

兮隱 金 勁 宅

思惟

흙

허(虛)하다. 늦가을의 나무는 앙상하다. 초록은 세월 속에 단풍 되어 낙엽 되고 빈 가지만 남았다. 겨울을 지내려면 몸을 가볍게 해야 한다. 그리움이다.

추수를 마친 고향 들녘은 텅 빈 평야가 끝없이 펼쳐져 있을 것이다. 볏단에서 뛰놀던 메뚜기들은 어디로 갔는지 보이지 않는다. 가을을 즐기고 어디로 사라지고 말았다. 천방지축 뛰던 메뚜기처럼 그 시절 동심도 날뛰었다. 메뚜기가 뛰면 꼬마의 뜀박질도 빨랐다. 이제 고향은 추억이 되었고, 간혹 오래된 미래로 다가온다.

어느 작가는 『그 많던 싱아는 누가 다 먹었는가』라며 고향과 아픔을 회상했다. 나이든 세월과 추억은 나름 생명력을 가진다. 과거에 머물지 않고 현재의 호흡이고 갈증이다.

메뚜기가 사라진 텅 빈 들녘, 농부의 땀은 결실이 되어 잠시 휴식에 든다. 유일하게 지평선이 있는 호남평야는 어릴 적 기억을 간직한 곳이다. 고작 언덕 같은 야산이 바람을 막고 해 질 무렵 오두막 지붕에 하얀 꽃이 피어올랐다. 잠시 피었다 사라진 하얀 꽃은 밤새 구들장을 덥히고 따뜻한 아랫목은 막내 차지였다.

저 멀리 펼쳐진 지평선의 고향은 항상 그리움이다. 그리움은 간혹 희망과 미래를 잉태했다. 넓은 들녘은 가슴으로 들어오곤 했다.

누구나 고향, 어머니, 친구, 교정은 향수를 자극한다. 간혹 추억은 슬픔이다.

또한 배부른 풍요는 추억의 공간을 마련하지 못한다.

여윈 빈곤은 그리움을 자극하여 숙연하다.

그리움은 외로움보다 더 고독하다.

고향을 떠나 상경한 많은 도시인들은 명절을 맞이하여 부모를 뵈러, 형제를 만나러, 그리고 조상을 모시러 고향을 찾는다. 며칠 고향을 즐긴다. 하지만 훈훈한 고향을 두고 생활 터전으로 향하는 무거운 발걸음은 항상 그리움이다. 도시에 지친 영혼들

고향으로 돌아가지 못하는 현실에 몸서리친다. 어쩌면 고향으로 가지 못하고, 도시에서 정 붙이지 못하는 이방인인지 모른다. 도시는 제2의 고향이라고 자위하지만 태어나 청소년기를 보낸 고향은 빛바랜 그리움이다.

퇴직하면 고향으로 돌아가리라. 자식들 결혼 마친 젊은 노부부는 귀향을 꿈꾼다. 하지만 그 푸근한 꿈은 꿈으로 그치고 만다. 도시는 그저 직장과 자녀 교육을 위해 잠시 들른 곳인데 이제 터전이 되었다.

텅 빈 들녘, 야윈 나무, 퍼석한 숲, 그 안의 사그락거리는 낙엽을 밟는다. 회상한다. 그리고 앞날을 구상한다.

평야, 벼농사, 고추밭, 배추 무밭, 상추랑 쑥갓이랑 부추랑 그 텃밭. 흙냄새, 흙의 감촉이 그립다. 흙을 밟고 싶지만 도시는 회색 아파트와 검은 아스팔트뿐이다. 녹색이 그립다.

고향으로 돌아가지 못하는 한을 풀고 싶다. 주말이면 서울에서 가까운 시골을 찾는다. 작은 움막을 짓고 채소를 가꿀 공간을 꿈꾼다. 고향으로 내려가지 못하는 현실을 동동거릴 것이 아니라 가까운 곳에 텃밭을 마련하리라. 고향 같은 시골 땅을 준비하리라. 주말에는 흙에서 땀 흘리며 향수를 달래리라. 크지도 작지도 않은 공간이면 족하다. 힘으로 감당할 전답이면 감사하다. 신발 벗고 흙에서 땀 흘리면 축복이다. 가까운 터전이면 더욱 좋겠지. 고향 땅, 객지 땅 따로 있더냐?

반농(半農), 반도(半都). 이촌오도(二村五都). 반쯤 도시에서 충실하고, 반은 시골에서 땀 흘리는 의식이다. 절실하면 소망이 이루어진다. 항상 도전, 개척은 삶의 발전과 윤택이다. 과거에 집착하고 머물면 영감이란다, 관절과 척추가 곧고 의식이 바로 선다. 매일 밤 그런 꿈을 꾼다. 선택은 갈등을 일으키고, 갈등은 성장통이다.

마침내 집에서 30분 거리에 적당한 전답을 매입했다. 고향 땅 대신할 터전 계약한 날을 잊을 수 없다. 어쩌면 아파트 계약보다 텃밭 매매 금액은 적지만 소중하다. 작은 바람은 가슴으로 들어와 큰 숲이 되었다. 귀촌인에게 텃밭 산 날은 특별하다. 그날을 축하하기 위해 잠시 농사일을 접고 쉬어야 한다. 불자는 석가탄신일, 기독교인은 성탄절, 귀촌인은 텃밭 계약일이 국경일이다.

흙은, 땅은 모든 생명을 안아준다. 산 것을 모두 품어 낳고 키우고 거둔다. 척박한 대로, 비옥한 대로 생명을 간직한다. 마치 우리의 어머니가 자식을 껴안듯이 흙은 말없이 그 땅을 지킨다. 흙은 포옹이다.

흙에서 맥없이 흘리는, 대가 없이 애쓰는 그 바보를 안아주는 이 있으니 시골 숲을 찾자.

흙은 심연의 고독을 품고 있다. **그 고독은 우리의 의식을 키운다.** 땅은 순한 생명이 숨 쉬고 있다.

그리움은 빈곤한 물질과 풍요로운 정신과 동질성이다. 풍요가 없으면 가슴에 공간이 생기고, 그곳에 찬바람이 자리한다. 바람은 정신으로 존재하며 질긴 생명력을 가진다. 바람은 과거와 현재를 오가며 그 질긴 추억의 끈을 연결한다.

오늘도 바람이 분다. 가슴에서 나부끼는 바람을 만난다.

추억, 어릴 적 어머니 따라 키웠던 고추를 심고 싶다, 김장거리로 아삭한 무 씨앗을 뿌리리라. 여름철 오이 먹을 생각에 입안이 상큼하다. 앞뜰에 앵두나무 심고, 뒤뜰에 밤나무 심는다. 추억과 미래를 심는다.

부푼 꿈을 꾸는 데 가벼운 가슴앓이 동반했다. 텃밭은 상상만으로도 가슴이 두근거린다. 이 설렘 오랜만이다.

젊은 날 사회적으로 정신적으로 경제적으로 바쁘다. 목돈 마련하여 집을 마련해야 하고, 자녀 교육이 부부의 주 대화 내용이다. 이제 자신을 잊고 살던 시간을 보상받으리라. 나만의 시간을 갖으리라. 이제 도시에서 자연으로 눈과 마음을 돌린다.

산자락에 작은 공간을 마련했다. 그곳을 오 가는 새와 구름과 바람과 벗 삼는다. 벅찬 가슴이 차올라 작지만 넓은 공간이다.

크지도 작지도 않은 텃밭이다. 뒤쪽의 야산이 그늘을 만들고,

앞산 능선은 다투지 않고 잔잔한 산줄기 이룬다. 그 안의 작은 분지에 착한 공간이 자리한다. 놀이터, 쉼터, 그리고 노동의 가치를 실현하는 텃밭이다. 어릴 적 고향의 땅이 상경했다.

토요일 퇴근하면 텃밭으로 향한다. 그곳에는 상추 씨앗을 파종한다. 파란 잎이 땅을 뚫고 올라온다. 옆 이랑의 들깨 모종이 수줍게 올라왔는지 모른다. 기대, 궁금증, 설렘으로 그곳을 찾는다.

텃밭은 작은 여행,

농부는 파종하고, 그 생물과 함께 성장한다.

땀 흘리는 공간이다. 자연을 통해 자신을 돌아본다. 녹색을 통해 생명의 가치를 느낀다. 농부는 자연을 바꾸지 못하지만, **자연은 나를 바꾼다.** 나는 자연을 닮아 간다. 한 그루 나무이고 싶다.

해방구. 탈출구, 그리고 희망의 공간이다. 미래를 마련했다.

흙 공부가 시작되었다. 태어난 곳, 돌아갈 흙을 접촉한다.

그래서 땅은 삶의 터전이면서 의식의 공간이다. 그렇게 초보 농부가 되었다. 나름 품격있는 농부가 되리라 다짐한다. 농학과 철학이 공존하는 땅이다.

낙엽이 숲을 덮는 늦가을은 늦게 철든 초보 농부가 사색하기 좋은 계절이다. 수척한 숲의 외로운 발걸음이 넉넉하다. 여윈 영혼 잠시 휴식에 든다.

흙은 간혹 신앙이다.

'아담(Adam, 인간)의 육체적인 몸은 아다마(Adama, 흙)에서 만들어졌고, 육체적인 몸이 되돌아갈 곳은 흙이다(창, 19)'.

호흡

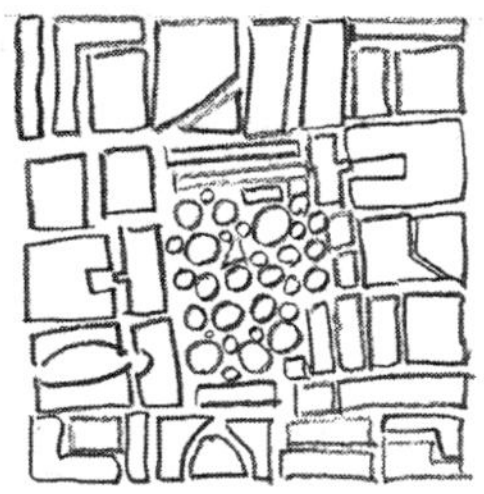

귀(貴)하다. 텃밭은 흙에서 태어나 흙으로 돌아가는 우리의 삶을 직접 체험하는 소중한 공간이다. '흙공부'라며 책가방 대신 괭이 메고 텃밭에 간다. 그곳에서 맑은 공기, 넓은 들, 녹색 숲, 그리고 두둥실 하늘과 지낼 수 있다. 그리고 가끔 바람은 가슴으로 들어와 생명체가 된다. 그 바람을 통해 침묵하고 사유한다. 자연을 통해 또 다른 나를 만난다.

흙 공부는 시골 태생으로 어린 시절 부모님 따라 논밭에서 일하던 경험 때문이다. 거친 흙, 하지만 한없이 부드러웠던 고향. 시련이 없으면 결실도 없다는 착한 교육이고 교훈이었다.

시골 부모님들의 흙은 땀이었다. 선택권 없는 막다른 노동으로 식량과 교육을 책임지는 열악한 농촌 환경이었다. 뙤약볕에서 진득한 땀을 흘려도 보상은 미약한 농촌, 열심히 일해도 늘어나는 농가 부채로 '농자천하지대본(大本)'은 허울뿐 말본(末本)이다. 그 초라한 가난은 개인, 사회, 국가의 아픔이었다. 가난을 단절하지 못하고 가업으로 승계하는 아픈 과거였다.

농민들은 탈출구 없는 땅에서 자식들 교육과 성장이라는 멍에와 희망으로 고단한 땀을 흘렸다. 땀의 대가는 보잘 것 없고, 딱히 다른 선택지 없던 열악한 농촌 풍경은 아련하다. 그들에게 늘어나는 것은 주름과 농가 부채였다. 빈곤에 허덕이던 고향, 그리고 이제 그 부모님들은 저 먼 세상으로 떠난 지 오래다.

원(冤)이다. 그 당시 흙은 선택받지 못한 백성들의 한이었다. 척박했다. 흙의 아들이 도시에서 흙의 예찬을 이야기하는 것은 진화이다. 하지만 그 정신적 진화는 가증스럽다. 흙을 겸손하게 접근해야 한다. 이제 세월의 땅, 무게가 실린다.

『정의는 무엇인가』의 저자 마이클 센델(Michaei J. Sandel, 1953~)교수의 노동의 존엄이 파괴(Dignity of work)되는 농촌이었다. 그래서 마지막 골목에 몰린 농부와 노동자는 절망의 죽음(Deaths of despair)을 선택한다. 땀 흘린 대가를 못 받았던 농촌 생활을 자족하며 살던 우리 부모세대들이다. 허기진 배가 우리들의 삶이라며 푸념하지 않던 시절이었다. 농촌, 농사, 농부는 자신들의 업이라며 자위했던 우리들의 아픈 과거가 있다. 그래도 '공정하다는 착각'으로 살았던 우리의 아버지 어머니이다. 노동에 비해 대가는 가혹했다.

그래서 부모님의 땅은 아픔, 상흔이다. 땀의 결실은 적지만 자식들 교육이 유일한 희망이었다. 세월이 흐르고 산업화와 민주화 속에 우리는 경제적 성장을 했다. 풍요가 시작했다.

좀 어설프지만 이제 선진국이다. 이제 IT, AI. 블록체인, 도시민은 야외 전원주택을 찾는다. 고급주택이 버거우면 작은 주말농장도 좋고, 작은 텃밭이라도 자족한다. 호미 사고, 괭이와 삽도 준비한다. 텃밭은 삶의 전부가 아니라 부속이다. 꼭 필요한 가치가 아니다. 하지만 작은 소유가 큰 힘을 가진다.

신발을 벗고 흙을 만난다. 그 옛날 괭이 들고 고랑, 두둑, 이랑을 만든다. 따뜻한 흙의 기운이 발바닥을 통해 온몸으로 전해진다. 발이 습하고 어두운 신발 속에서 밝고 맑은 공기 속으로 나왔다. 아스팔트와 구두로 감쌌던 발을 해방시킨다. 신발 없이 지냈던 먼 조상들의 모습이다.

원시, 태초의 숨소리 듣는다. 대지와 초보 농부와의 대화. 무게감 있는 실천이지만 가능한 일이다. 본디 착한 성품만 있으면 흙과 호흡할 수 있다. 사리사욕, 욕심 분노가 사라지고 평정심이 찾아온다. 흙이 생명체로 다가온다. 눈이 밝아지고 머리가 맑고 전신이 즐겁다. 그런 세상을 펼치고 싶다. 도전은 희망, 가치를 준다.

흙과의 호흡을 통해 질병은 예방되고, 육체는 건강하고, 정신은 맑아지고, 의식은 성숙해진다. 흙을 통해 새로운 세상으로 긴 여행을 떠난다. 도시에서 지친 영혼, 오랜만에 숙면에 든다. 단잠의 꿈을 꾸고, 꿈속에 동심의 고향이 나타난다. 꿈(Dream)은 밤에도 꾸고 낮에도 생명체로 존재하여 동행한다.

상추 작은 씨앗을 뿌린다. 바람에 날릴 것 같은 미세함이다. 조심스럽게 정성을 다해 미래를 꿈꾸며 흙을 덮는다. 그리고 **기다림은 또 하나의 생명이다.**

며칠 지난 밭에 작은 싹이 올라온다. 연하고 부드러운 새 생명이 거친 대지를 뚫고 나온다. 쪼그리고 앉아 있으면 가슴과 머리가 빈다. 빈자리에 경외 가득하다. 환희, 희열, 감사 등 맑은 언어로 채워진다. 떡잎은 햇살을 먹고 대지에 뿌리내리고 성장한다. 상추는 키가 크면서 가지에 손을 뻗어 잎을 만든다. 하나, 둘, 셋, 넷. 초보 농부는 떨리는 손으로 조심스럽게 잎을 딴다. **자연을 딴다.** 농약 치지 않고 비료 뿌리지 않은 온전히 발효된 낙엽으로 자란 상추는 친환경이다. 나의 땀, 나의 손길,

나의 숨결, 나의 성취, 나의 결실, 나의 수확이다. 하지만 농부의 노력은 미약하다. 햇볕, 바람, 강우가 상추를 키운다. **농부의 손길은 겸손일 뿐이다.**

상추 수확 며칠 후 또 다른 상추가 나온다. 얇지만 작은 고소함과 부드러운 풍미가 있다. 몇 차례 반복되는 수확은 이웃과 나누는 또 다른 기쁨이 있다. 나눔을 통해 이웃과 소통한다. **소통은 우리가 공유할 친환경 사유이다.**

자연을 생각하는 초보 농부의 손 떨림이다. 간절함이다. 지극 정성이다. 울컥하다.

작은 씨앗에서 자란 상추를 보고, 환경을 생각하니 이 또한 초보 농부의 기쁨이다. 사고(思考)의 다양성이고 확장성이다. 작은 상추 씨앗이 대우주를 품고 있다.

흙은 우리에게 먼 곳으로 떠나는 여행을 제공한다. 흙을 통해 욕심을 버리고, 분노와 성냄을 삭히고, 더불어 사는 지혜를 배우고, 새로운 의식을 생성한다. 자연에서 상상의 시간을 갖는다.

자연, 숲, 땅을 통해 사색(思索), 사유(思惟)한다. 배움이 배움에서 그치면 생각이 단순하고 옹색하고 확장하지 못한다. 거친 자연과 대치하고 순응하고 조화를 이룬다. 그리고 지혜를 통해 자연에서 삶을 배운다.

배우고 생각하지 않으면 (삶이) **어둡고,**

생각하고 배우지 않으면 위태해 독단에 빠지기 쉽다

學而不思則罔 思而不學則殆 (論語, 爲政篇)

흙과 호흡하고 생각하는 시골의 작은 텃밭은 고맙고 반갑고 즐겁다.

자연과의 호흡을 통해 의식을 확장한다.

보리밭에서 감자를 캐다

구(求)하다. 남한산 자락 어느 시골 마을 밭 한 뙈기 샀다. 남한산 본 줄기에서 조금 벗어난 옛날 지방 선비가 한양 도읍지를 가기 위해 지나던 크고 작은 봉우리 사이 둔전(屯田)마을이다. 병사들이 평시에는 농사를 짓고 전시에는 전투에 참가하는 곳으로 오지마을이다. 버스 길에서 벗어나 승용차 겨우 한 대 들어갈 비좁은 길을 따라 들어가면 막다른 마을이 나온다. 산이 가로막아 더 이상 진입할 수 없는 산간 마을이다. 그래서 고라니가 동네 똥개처럼 많고 산속에는 멧돼지가 가족을 이루고 산다. 자동차 소음과 매연이 없고 숲과 전답이 있어 고요한 녹색을 즐길 수 있다. 서울에서 저 만치 보이는 남한산 뒤쪽 마을이다.

숲속 시골 양지바른 땅이라 첫눈에 반했다. 긍정의 첫인상은 필요 충족 조건을 갖춘 마음 자리이다. 심사숙고는 긍정과 부정이 혼란스러운데, 반한 첫눈은 그저 웃음이다. 마치 청춘 남녀가 첫눈에 반해 결혼 상대로 선택한 그 순간과 같다.

가까운 남한산 기슭이니 직장과 집에서 가깝다. 먼 친척보다 가까운 이웃이 더 좋다. 텃밭 귀촌 1조 1항이 접근성이다. 멀리 있는 연인 필경 헤어지고 만다. 옆집 사는 친구랑 알콩달콩 다투며 지내기로 했다.

생각을 키울 공간이니 멋진 포장이 필요하다. 채소를 심고 나무를 가꾸며 여유로운 시간을 보낼 터전이니 정성과 애정을 표해야 한다. 아이를 낳으면 고운 이름을 짓고 싶은 부모의 심정이다.

우리네 선조들은 자신들의 거처에 품격있는 이름을 짓고 현판을 걸었다. 고산 윤선도의 세연정(洗然亭), 윤두서 집안의 녹우당(綠雨堂), 만해의 심우장(尋牛莊). 지금도 현존하는 그 옛날 유물을 통해 조상들의 정신을 익히게 된다. 작은 공간에 품위 있는 이름을 짓고 소중히 여기고 사색했다.

부르기 쉽고, 기억하기 편하고, 그리고 격 있는 이름을 찾아야 한다. 단순히 1차 산업 밭농사뿐만 아니라 차가운 이성과 따뜻한 감성이 공존하는 공간이니 소중하다. 가볍지도 무겁지도 않은 정원 농장의 이름이다. 늘어지지 않고 건방 떨지 않고 어렵지 않은 작명이다. 그리고 의미가 내재 되어야 한다. 생명체로 다가와야 한다.

쪼그리고 앉아 밭을 맨다. 맨발로 전해지는 흙의 기운, 등에서 감촉되는 따뜻함. 하늘과 땅, 그 안에 초보 농부는 존재한다.

나름 하늘, 땅. 사람. 삼재(三才)를 이야기한다.

고향 보리밭의 추억
그 맑고 넓은 들녘 걸어본 지 오래다
푸른 보리밭은 노랗게 익어가곤 했다
아스팔트에도 항상 보리는 자라고 있었다
그리움이다

보리(菩提)는 진리 깨달음
선승은 위로 진리를 구하고(上求菩提)
아래로 중생을 교화하네(下化衆生)
보리밭은 지혜를 통해 진리를 구하는 몸부림
자연에 기댄 쉼터
작은 망초에서 생명을 느끼고

흙에서 흙으로
바람은 살아있는 생명체
메뚜기 노는 본디 자연을 찾고
농학과 철학이 공존하는 품격있는 공간
땅은 캔버스, 상추와 수국은 물감, 나는 화가
반고흐의 노란 해바라기를 그린다

구름이 내려와 땅에 뿌리내려
구름꽃이 피는 정원
오늘도 바람은 그 꽃을 스치고
보리밭은 땀 흘리며 보리(菩提)를 키운다.

보리는 정체가 아니고 갈구이다. 텃밭에 상추를 심는 일도, 맨드라미 작은 정원을 가꾸는 땀도 새로움이다. 고추에 토마토가 열리는 꿈을 꾼다.

흙을 통해 무언가 배우고 싶은 착한 욕구이고 흙이 주는 가치를 통해 삶의 존재를 알아가는 과정이다.

흙은 흙수저도 금수저도 품지 않는다. 그저 흙일 뿐이다.

흙은 순수를 개화한다.

작은 텃밭에서 겸손과 지혜를 구한다.

겸손은 순수이다. 비워 채우는 공(空)의 사상으로 정의한다. 자리(自利)와 타리(他利)가 공존한다. 자연 현상을 멀리서 관조하는 넉넉함이다. 태초의 심성을 더듬어 보자는 선비정신이다.

지혜는 참여, 열정이다. 사물의 이치를 알고, 그 가치의 앎이다. 그리고 지극정성이다. 깨닫기 위해 현명함이 필요하다. 공부하는데 꾀가 있어야 한다. 가끔 겸손을 버리고 건방떠는 것 또한 지혜이다. 그런 깊은 속뜻이 있어야 한다. 지혜 없는 사람은 사회로부터 인정받지 못하고, 지혜없는 사회는 궁핍하다. 지혜는 희망과 미래를 잉태한다.

가끔 거친 숨소리 몰아 쉬며 지리산 반야봉(般若峰)을 오른다. 반야는 지혜다.

겸손과 지혜는 진리를 깨우치는 수단과 과정이다. 보리밭을 가꾸는 자양분으로 식물의 햇빛, 바람, 물과 같은 것이다.

오늘도 먼 하늘을 바라본다.

그대는 보리를 보았는가?

어설프게 웃고 만다. 부끄럽다.

우리의 첫사랑은 자연이다

분다. 텃밭 11월의 바람이 거세다. 이른 첫 눈이 내릴 것 같은 늦가을은 사랑조차 외롭다. 회색 하늘이 무심하다.

남한산 어느 자락 몇 가구 안 되는 둔전마을이 한적하다. 남한산을 가로지르는 찻길에서 벗어난 막다른 마을 오전리(梧田里), 옛날 오동나무가 많아 그렇게 불렀단다. 불당리처럼 번잡하지 않고 고요와 침잠이 자리했다. 계곡에 밭을 이루고 낮은 산이 감싼 그곳은 삶의 터전이요 휴식 공간이다. 서울을 등진 마을은 도시의 공해가 들어오지 않는다. 사람보다 숲의 공간이다. 맑은 마을은 선방이나 기도처 하나 있을 만큼 고요하다. 서울 가까이 그런 오지 마을이 있다니 반갑고 고맙다.

둔전마을에 깨달음을 구한다는 의미의 텃밭 '보리밭'을 만들고 마을 주민이 되었다. 그 마을을 닮아 가기로 했다. 오도(五都) 이촌(二村), 후자의 시간이 귀하고 옹골지다.

저만치 이름 없는 산 능선이 길게 눕고, 늦은 오후 그 위에 석양이 또 길게 눕는다. 어쩌면 외로운 산 그림자도 하루에 한 번쯤 한적한 마을로 내려온다.

이제 녹음 지고 푸석한 숲과 수확한 전답은 비어 있다. 겨울을 빈 땅으로 지내며 힘을 비축한다. 작은 들녘에 지혜가 있다. 산새는 둥지 찾아 들어가고 구름도 서둘러 잠자리에 드는 늦가을 늦은 오후, **고독을 수확한다**.

흐르는 구름과 스치는 바람이 없으면 정지 화면이다.

나무는 변화의 색을 표현한다. 나무는 맑은 산소를 내놓는다. 나무는 바람을 일으킨다. 나무는 머무르지 않고 성장한다. 그런 나무는 알몸이 된다. 그 나무는 서툰 숲을 만들고 초보 농부는 그 숲속으로 들어간다.

숲에서 바람이 분다. 분명 산에서 태어나 자란 바람이 보리밭의 느티나무를 스친다. 우수수, 마른 나뭇잎은 바람에 몸을 맡기고, 차가운 바람은 계절을 서두른다. 우수수, 몇 차례 낙엽 떨어지는 소리 거칠다. 빈 공간을 배회하고 떨어지는 낙엽은 마지막 몸부림이니 절규이다. 나무는 아무 의지 없이 마른 잎을 떨군다. 내년 다시 새 생명의 소박한 소망을 남긴 채 1년의 추억과 기억을 버린다. 그만큼의 작은 성장이면 족하다. 우수수. 초보 농부의 가슴도 무언가를 버린다.

쌩---, 늦가을 그 거친 소리 가슴으로 들어온다. 낙엽이 생명체를 버리는 허무인지 모른다. 1년을 마치는 순수하고 고귀한 의식이다. 바람에 날리는 낙엽 소리 귀로만 들으면 옹색하다. 그 자연의 소리 눈으로 보아야 한다. 보이지 않는 내면을 어루만져 본다. 고정이 아니라 변화이고, 관습이 아니고 일탈이다. 안주가 아니고 도전이다. 또 다른 세상을 연다.

바람은 나무를 통해 자신의 모습을 보인다. 바람은 나무가 없으면 존재 가치를 상실한다. 낙엽 소리인지 바람 소리인지 우수수. 그 태초의 소리를 눈으로 보아야 온몸이 전율한다. 관음(觀音)이다. 어느 선각자가 초보 농부 옆을 스쳐 지나간다. 초보는 화들짝 놀란다.

남한산을 넘어간 해는 서해로 들어가고 이제 둔전마을 바람 소리 잦아들고 고요하다. 바람도 잠자리 들고 어둠은 흔들리지 않는다. **어두운 밤을 듣는다.**

키 큰 나무도, 작은 숲도, 산속 그 산새도 어둠 속에 몸을 숨겼다. 침묵의 산속 마을 사무치게 좋다. 말 없는 어둠과 고요의 자연은 극치를 이룬다. 고요 속의 벅찬 기운이 올라온다. 어둠은 내면의 세계이다. 밖은 어두운데 초보의 가슴에 빛이 들어온다. 낮의 분주한 허구는 사라지고 본디 진리만 남았다. 어둠을 삼킨 계곡 물소리는 더욱 맑다.

6평 농막은 선방이 되었다. 그 안의 짝퉁 선승은 허리 세워 가부좌이다. 짝퉁은 어둠이 되고 그 속에 녹아내렸다. 언어조차 버린 공간은 또 다른 세상을 꿈꾼다.

어둠은 보리(菩提)를 키운다.

어느 선승은 자연을 보고 진리를 깨달았다. 교훈이다.

계곡물 소리 곧 불법이요

사시사철 변하는 산의 모습이 어찌 부처가 아니던가

溪聲便是長廣舌

山色豈非淸淨身 (蘇東坡, 悟道頌)

보리밭에 명물이 있다. 그 옛날 전 주인의 할아버지가 심은 감나무 한 그루가 수호신처럼 입구를 지키고 있다. 3대에 걸친 감나무는 둔전마을의 당산목(堂山木) 역할을 한다. 주위에 100년 이상 된 나무가 없어 마을 수호신이라 해도 무방하다. 당시 밭에 10그루 정도 심었는데 살아오면서 겨울 혹한에 모두 동사하고 겨우 한 그루 남아 땅을 지킨다. 어쩌면 형제는 모두 죽고 홀로 남아 바람과 햇볕을 쓸쓸히 즐기고 있는지 모른다. 질긴 목숨으로 대지를 지켜 보리밭의 재산 목록 1위이다. 여름 뙤약볕에 그늘을 만들어 쉼터가 되고 바람까지 내려 준다.

가을, 감이 주황색으로 곱게 익으면 풍요가 찾아온다. 키 큰 감나무에 매달린 감의 수확은 특수 장비가 필요하다. 철물점에 들러 3단 집게 그물망을 샀다. 1m가 7m가 된다. 주먹 크기의 감이 한 소쿠리 되면 가슴 벅차다. 선반에 올려놓으면 며칠 후 홍시가 된다. 가을이 익는다. 껍질째 먹는 감은 세월만큼 맛이 깊다. 100년 된 홍시는 남다른 맛이 있다. 특별히 퇴비 하지 않고, 가뭄에 물 주지 않고, 주위 잡초 뽑지 않았는데 감의 당도는 높고 깊다. 농부의 손길 눈길을 주지 않았는데 감은 홀로 크는 능력이 있다. 세월의 뿌리를 내린 감의 과묵함이다. 노승의 침묵을 보는 것 같다.

그렇게 맛있는 감은 저 꼭대기 몇 개 남겨 놓아야 한다. 감나무 잎이 떨어지고, 붉은 감이 모습을 드러내고, 가을이 익어가고, 까치밥만 남는다.

사실 100년 감나무는 아침부터 새들의 놀이터다. 키가 크고 가지가 많아 동네 새들은 감나무에 모여 지지배배 조회를 한다. 이 가지 저 가지를 옮겨 다니며 모두 철없이 짧은 혀를 놀린다.

작은 딱새에서 큰 까치까지 다투지 않고 놀이터를 떠나지 않는다. 혹 푸드덕 거친 날갯짓은 애정 표현이니 놀라지 마라.

아침, 그 새들의 알람으로 일어난다. 아침 기운 만큼 힘차고 맑은 새소리가 농막으로 들어온다. 새들의 합창이 하루의 시작을 알린다. 새들이 분주하니 농부도 서두르지 않을 수 없다. 그래서 동네 주민이 된다.

하늘을 나는 새는 땅을 굽어본다. 근심 걱정 없이 하늘을 나는 새들의 항로는 높고 넓다. 하늘을 나는 지지배배 새소리를 본다. 마을 하늘에 새들의 환희 가득하다. 단색화 같은 하늘에 무리 지은 새들이 여백을 메운다. 캔버스에 울리는 지지배배를 본다. 구름도 농부도 새소리를 보고 한동안 숨을 멈춘다.

화(和)다. 농부는 잠시 새와 같이 하늘을 난다. 날갯짓이다. 초보 농부는 상상의 날개를 편다.

겨울의 새는 배고프다. 농부는 농막 앞 눈을 쓸고 양지바른 곳에 묵은 쌀을 뿌려 놓는다. 농막 앞마당의 모이로 배 채운 새들은 앙상한 감나무 가지 위로 나른다. 새들은 농막이 쌀 창고인 줄 알고, 농부를 정 많은 이웃사촌으로 여긴다. 그렇게 한통속으로 살아간다.

감나무에 걸친 새들의 지지배배는 밭농사 수확만큼 풍요롭다.

우리는 홀로 살 수 없는 존재인지 모른다. 서로 기대어, 의지하며, 공유하며 지내야 하는지 모른다. 도시에서 사람 속에서 치열하게 기대어 지낸 세월을 좀 접어두고, 이제 시골에서 자연에 기대어 보내는 시간이다. 숲과 호흡하고, 하늘을 우러러보고, 흙의 감촉을 즐기는 넉넉한 공간이다. 자연에 비스듬히 기대어 보내는 시간이다. 짝사랑이다.

시 감상하며 언어에 기대어 본다.

생명은 그래요.
어디 기대지 않으면
살아갈 수 있나요?
공기에 기대고 서 있는
나무들 좀 보세요

비스듬히 다른 비스듬히를
받치고 있는 이여 (「비스듬히」, 정현종)

가보지 않은 길

우리는 항상 새로운 환경을 접하고 적응하며 살아간다. 부모의 품에서 벗어나 학교생활 마치면 직장 구하고, 결혼하고, 아이 낳고, 성장을 지켜본다. 치열한 교육 진학에 지치고, 폭등하는 아파트 가격에 열 받다 보면 어느새 흰머리와 주름만 남는다. 미래보다 과거의 시간이 많아진다. 열정, 의지, 의욕, 정열, 희망 등 에너지 넘치는 언어가 퇴색하기 시작한다. 만남이 적어지고 사회로부터 자신의 영역이 좁아진다. 시력이 약해진 지 오래다. 가끔 귀울림 이명증이 나타나 반갑지 않은 불청객을 만난다. 괜히 저 멀리 떠 있는 구름을 맥없이 바라보는 시간이 많아진다. 간혹, 구름이 되어 한동안 하늘을 떠다닌다.

차다. 봄바람이 거칠다.

항상 새로운 환경에 적응하기 위해 바쁘게 살던 시간을 돌이켜 본다. 추억이 많아지면서 가정과 직장과 사회로부터 작아진다. 척추 관절이 퇴행해 키가 작아지고, 더불어 마음도 작아진다. 의욕보다 상실이 커지고, 도전보다 포기에 익숙하고, 용기보다 비겁해지는 어르신의 어깨가 좁아진다. 왠지 웃음보다 울음이 많아지는 것은 잔주름보다 더 심각하다.

특히 고향 시골을 떠나 대도시에서 살던 젊은 어르신들은 고향이 그립다. 괜히 고향 친구를 기억하고 노모를 그리워하는 시간이 많아진다. 시골에서 살던 사람이 도시로 이동하던(移村向都)

시대가, 이제 반대로 도시에서 시골로 가고(移都向村) 싶은 시간이 된다.

1970년 이후 지방에서 도시로 인구가 순유출을 지속하다 2007년부터 순유입으로 바뀌었단다. 저출산, 고령화, 도시화, 정체, 은퇴 등이 영향을 미쳤다. 도시의 주거비, 일자리 부족, 퇴직, 건강 유지 등으로 도시인들이 서서히 시골로 이주하는 경향이 생겼다.

특히 베이비붐(baby boom) 세대(1956년~1963년)는 한국 사회에서 출산율이 높고 경제 성장도 함께 이룬 거대한 인구 집단 세대이다.

그 옛날 베이비붐 세대는 지방에서 주로 서울로 올라왔다.

그 세대 자녀 교육은 서울에서 시켜야 한다는 부모 사랑이 지대했다. 사람은 낳으면 서울로, 말은 제주로 보내야 한다는 선현들의 뜻을 어기지 않았다. 사회의 다양성이 있는 대도시는 지방 사람들에게 선망이다. 자신은 옹색하게 살았지만 자식은 넓은 사회에서 키우고 싶은 지극한 사랑의 발로이다. 부모 교육열은 세계 수준이고, 그 열정은 한국 경제의 주춧돌이 되었다.

경제의 중심 역시 서울과 위성도시. 직장을 찾아 샐러리맨 자영업 전문직 역시 서울행 버스를 탔다. 열악한 시골살이를 경험한 세대들이 경제, 풍요를 찾아 서울로 향했다. 대도시는 편한 아파트, 쇼핑센터, 교통, 의료기관, 문화시설 등 현대인의 욕구를 충족시키는 공간이다.

그런데 세월이 20년 30년 40년 흘러 머리는 반백이 되었고 눈가 주름살이 깊어졌다. 다니던 직장 퇴직을 앞두거나, 퇴직한 나이이니 그저 남는 것은 시간뿐이다. 자녀 교육과 경제 활동을 마친 나이가 되었다. 퇴직자에게 사라진 출퇴근은 혼돈이고 혼란이다. 바쁘게 살던 그들은 일자리를 잃고 이제 각자 또 다른 시간을 준비해야 한다.

서울 밤하늘에 별이 사라진 지 오래다, 나무의 숲보다 아파트의 숲이 높고, 가로수 은행나무의 은행은 먹을 수 없다. 사람과 자동차가 같이 살아가는 도시는 숨차다.

시골로 눈을 돌리자. 드넓은 들녘, 저 멀리 크고 작은 야산의 능선이 물 흐르듯 흐르고, 그 아래 작은 계곡은 마른 우리 영혼의 갈증을 풀어준다. 사시사철 변하는 숲을 통해 내 의식의 합리적인 변화를 구하니 삶의 확장성이다. 옹색하지 않고 머무르지 않고 항상 자연법칙을 구하는 시간과 기회는 물질을 떠난 정신의 갈구이다.

좁고 인위적인 회색의 도시를 떠나 흙의 시골로 들어가는 **귀촌인은 저항시인이다.** 숲에서 삶의 지혜를 구하는 당찬 도전이다.

현대 사회의 물질과 산업을 멀리하고 자연의 터전으로 들어가는 것은 오진 용기가 있어야 가능하다. 안주, 정착, 고정, 폐

쇄는 변화의 이단자이다. 변화를 통한 발전을 포기한 비겁자들이다. 열정, 성취, 갈구는 마음을 비우는 전 단계이니 고난의 과정일 뿐이다. 두려움은 새로움을 성취하지 못한다.

도시의 경쟁, 마찰, 대립, 증오의 이익사회인 게젤샤프트(Gesellschaft)에서 살았다. 이제 자연적인 공동사회인 게마인샤프트(Gemeinscaft)에서 주위와 소통 교류하면서 살아야 한다. 대도시 고층아파트의 수직 문화에서 시골 옹기종기 모여 사는 수평적 인간으로의 탈바꿈이다. 확대, 개방의 공간이다.

도시에서 시골로의 귀촌은 경제의 중심 도시에서 인간 중심인 자연으로 들어가는 벅찬 용기이다. 마음을 다스리는 수행의 공간이다. 착한 결심이다.

거만하지 않고 겸손한 세상을 찾는다.
경쟁이 아니라 공존을 경험할 터전이다.
시골은 드러나지 않는 침잠의 공간이다.
거친 바람, 그 안의 시간에 몸을 맡긴다.
모진 자연도 부드럽다.
침묵과 은둔의 자연으로 들어간다.
생각하는 숲이다.

세월은 맥없이 흘러 퇴직하고 이제 널브러진 시간이 정지되었다.

또 비상해야 한다. 날갯짓을 멈출 수 없다. 그동안 열심히 살았던 그 정열을 모아 새 생활을 모색한다. 그동안의 인생 경험으로 제2의 삶을 찾는다.

고향, 친구, 교정, 어머니, 전답, 산하(山河). 자연이다.

그 먼 날 떠나온 고향이 사무치게 그립다. 자연으로 돌아가고 싶다.

숲속의 작은 텃밭을 마련한다. 회색의 도시가 아닌 파란 녹음의 숲속으로 들어간다. 잃어버린 자신을 찾으러 가는 입산(入山)의 길이다. 어리석음을 삭발한 선승이 된다.

텃밭에 채소 과일을 심고 건강한 식탁을 마련한다. 자신이 키운 농산물이다. 자신의 손과 땀으로 소출한 작물이니 성취감이다.

대도시에서 살다 가까운 시골로 생활 터전을 옮긴다는 생각은 받아들이기 쉽지 않다. 경제적인 측면, 시골 생활 적응 여부, 부부의 의견, 노년 건강관리 등을 고려해야 한다. 그래도 작은 용기를 내야 한다. 변화는 발전을 모색한다. 알 깨는 고통을 느끼며 살던 청춘을 기억하고 다른 형태의 알을 깨는 도전이다. 착한 변화는 젊음이다. 사회의 뒷방차지와 천덕꾸러기가 아닌 자존이다.

작은 텃밭이 대자연을 품고 우리는 그 안으로 들어간다.

화려하지 않지만 초라하지 않은 공간이다.

풍요롭지 않지만 궁색하지 않은 터전이다.

땀 흘리는 공간, 그대와 친구되어 외롭지 않다.

숲속의 수척한 나무는 또 성장하고 싶다.

현재와 미래가 준비된 땅이다.

산에서 내려온 산 그림자와 함께 품격있는 그리움을 느끼고 싶은 소망이다.

저 산 넘어 기우는 노을이 외롭지 않다.

시골, 산, 계곡, 그리고 흙, 그 안에 존재한다.

귀촌, 가보지 않은 길을 간다.

언젠가 가보지 않은 길을 가야 하는, 그 길을 준비하는 의연함이다.

귀촌, 노자(老子)를 만나러 가는 길이다.

사람과 자연과의 만남이다. 자연철학자를 꿈꾼다.

사람은 땅을 본받고, 땅은 하늘을 본받고, 하늘은 도를 본받으며, 도는 자연을 본받는다.

人法地 地法天 天法道 道法自然 (道德經, 25章)

망초, 하얀 외로움

텃밭은 간혹 시, 시인이 된다. 흙을 밟고 저 먼 하늘을 보고 찬 바람이 스치면 가슴에 출렁이는 감성은 시어를 남긴다. 메마른 가슴에 자연과의 교감은 또 다른 생명체이다. 짧은 언어는 긴 여운을 남기고 정서를 준다. 도시 무생물이 시골 생명체 된다.

언어는 사색의 시간을 준다. 거친 교만은 감사를 낳고 고통을 은총으로 여긴다. 사물을 보는 눈이 부족해서일까, 가슴의 감성이 말라서일까. 간혹 시에서 걸어온 길을 회상한다.

자연을 등진 삶은 옹색하다. 작고 여린 야생화를 보고 자신의 생각과 감성이 동한다면 풍요다. 진하고 깊은 숲을 보고 아무런 감정이 없는 사람은 메마른 고목이다. 산 꽃을 보고 가슴이 울컥한 사람은 맑고 곧은 활엽수이다.

바람 속에 언어가 팔랑인다.

사랑하리라. 이름 모를 작은 꽃을 사랑하리라. 하찮고 작지만 그 내면의 세계를 볼 수 있는 혜안을 갖으리라. 그대를 통해 나를 보리라. 그대에게 마음을 주는 것은 또 하나의 우주이리라. 그리고 하염없이 밀려오는 격한 감정을 느끼리라.

망초는 이름처럼 그저 망할 놈의 풀이었다.
볼품없이 멀대같이 키 크고
천덕꾸러기 잡초, 이름이라도 가져 다행이지
산새도 꿀벌도 스쳐 지나가지만
그래도 외로운지 여럿이 모여 피는 하얀 망초꽃
농부의 무관심으로 자라
꾸미지 않고 수더분하다
예쁘지 않아 화원 창가를 서성이는
꽃 취급받지 못한 서러움이 슬픈 이야기를 만든다.
이내 바람에 출렁이면 하얀 물결의 꽃이 된다.
귀하고 화려하지 않아 눈길 가는 망초꽃
그대 외로움이 나의 쓸쓸함인 양

왜 그대를 보면 마음이 아련한지

왜 그대 앞에 서면 왜 이리 고독한지

하얀 외로움,

수수하여 순수로 다가오고

드러내지 않아 다가가고 싶은

수더분하고 변하지 않는 사랑의 망초꽃

그동안 알아보지 못해 부끄럽구나

그동안 모른 체 해 쑥스럽구나

그동안 무시해서 미안하구나.

향기가 없어 더 진한

망초꽃 한 아름 꺾어 집에 가져가야겠다

작은 텃밭에 아름답고 품격있는 언어가 자란다.

망초의 그 하얀 꽃이 늦가을까지 핀다. 서리 내려 고추가 말라도 밭두렁의 하얀 망초꽃은 늦가을 찬바람 타고 하늘하늘 춤을 춘다. 물론 누구에게 보이고 싶은 동작은 아니지만, 첫눈이 내려도 한참 견딜 모양이다. 늦가을까지 망초를 보는 것이 왜 이리 반갑고 고맙고 정겨운지 모른다.

하찮은 망초에 왜 이리 마음 가는지 모른다.

의당 머무르지 않아야

창(創)이다. 도시인들에게 텃밭은 새로움의 추구이다.

아파트, 엘리베이터, 아스팔트, 지하철, 신호등, 승용차, 스모그의 도시를 떠나 흙이 있는 자연을 찾는다. 우선 푸른 숲, 맑은 공기, 그리고 새들의 지저귐이 반긴다. 경쟁, 빈부, 욕심, 촉박함에서 벗어나 여유와 정서를 즐긴다. 그저 먼 산의 녹음만 바라보아도, 저 높은 하늘만 보고 있어도 머리가 맑고 가슴이 편하다. 흐르는 계곡, 머물지 않는 구름, 스치는 바람, 자연은 급하지 않고 서두르지 않는다. 시골의 시간은 도시의 회색 분주함과 도시인의 거친 숨소리가 사라지고 '살아있는 침묵'이 흐른다.

세상은 변하는데 자신이 정체되면 본인이 불편하다.

은행을 통해 송금하는 방법도 변화하고 있다. 그 옛날 은행 점포를 찾아 좀 기다란 종이에 계좌번호 송금액의 전표를 은행원에게 제시했고, 그 이후 집에서 전화기를 통한 텔레뱅킹, 그 이후 컴퓨터 화면을 보면서 송금했고, 그 이후 스마트폰 앱을 깔아 이동하면서 송금하는 시대이다. 앞으로 은행을 거치지 않고 가상자산으로 입출금이 가능한 새 세상이 펼쳐진다. 탈중앙화(DeFi) 시대가 얼마 남지 않았다. 디지털 카카오 네이버는 웹2이고, 이제 NFT 블록체인 가상세계의 웹3를 준비하고 있다. RWA코인으로 부동산 주식 미술품 채권을 거래한다. 그런 시대가 다가온다.

인류의 조상 호모 사피엔스는 30만 년 전 지구에 나타났다. 수렵, 채취에서 농작물 재배의 농업 혁명은 1만 년 전의 일이다. 1700년대 증기기관 발명으로 인류는 산업혁명을 이루었다. 1990년대 이후 전 세계를 실시간 연결하는 인터넷 시대가 열렸다. 그리고 AI는 인류가 30만 년에 걸쳐 이뤄낸 역사를 불과 몇 시간 만에 해결한다. AI는 단순한 기술 발전뿐만 아니라 사회, 경제, 문화, 예술, 의료 등 각 분야에서 그 미래를 창조한다.

꼰대가 안 되려면 진부한 생각을 버리고 과거로의 회귀를 피해야 한다. 추억에 집착하면 정체되고 발전 없어 시대성이 떨어진다. 과거의 집착은 변화를 거부한다. 변하는 것은 매우 귀찮은 일이고 버거운 길이기에 포기한다. 그래서 사회로부터 버림받은 꼰대가 되는데, 그 사실조차 모른다. 뒷방 차지할 신세인데 안방 주인 노릇 하려고 한다. 고집 세고, 목소리 크고, 같은 말 반복하고, 고루한 생각 고치지 않고 참으로 딱한 존재이다. 사회의 다양성, 시대성을 모르는 인물이라 정의한다.

시대성 없는 존재는 가히 무생물이다.

텃밭의 자연농법은 꼰대 탈출로이다. 자신의 삶을 긍정적으로 적극적으로 살아가려는 의지이다. 과거에 얽매이지 않고 항상 새로움을 추구하는 미래와 희망의 산실이다. 흙은 무한대의 공간이다. 그곳에서 새로운 세상을 체험하고 사유한다.

텃밭은 주인의 살을 빼앗아 간다. 괭이 호미, 그 오랜 공구로 땅을 파고 풀을 뽑으며 땀 흘리면 체중이 감소한다. 초보 농부 몇 년이면 얼굴의 볼살이 사라지고 복부비만은 타 버리고 눈은 휑하다. 몸의 불필요한 지방은 없어지고 이제 척추와 관절을 지탱해 줄 필요 근육만 남는다.

텃밭은 착한 고행이다.

몸이 수척해졌다고 마음까지 마르면 안 된다. 본인의 주장이 강하고, 생각이 막히고, 시대정신이 없고, 의식이 협소하면 텃밭 정신의 위배이다. 흙으로부터 관용, 포용, 관대, 조화, 여유를 배우는 자세가 필요하다. 다투지 않는 지혜를 통해 심신이 풍요로워지는 터전이어야 한다.

학교 교육보다 더 중요한 자연 공부하고, 탁한 공기 대신 맑은 산소이다. 도시의 무한 경쟁이 시골의 무한 상생(相生)으로 변한다.

몸과 마음이 머무르지 않고 변화해야 한다. 고전과 법어를 통해 지혜를 얻는다.

문사철(文史哲)에 능한 사마천의 일갈이다.

'노자가 귀하게 생각하는 것은 허무(虛無)라는 것이고,

자연을 따르며 무위(無爲) 속에서도 다양하게 변화(變化)하는 것이다'

老子所貴道虛無 因應變化於無爲 (史記列傳)

과거, 추억, 기억은 승화되어야 한다. 그 자체에 머물면 허접하다.

옛 선조들의 인생과 그들의 문화를 통해 현대인들은 지혜를 얻는다. 물질이 풍요로운 현대에 옛 선비들의 정신은 정신적인 풍류와 풍요를 제공한다. 옛 사고에 머무르지 않고 현대와 조화를 이루려는 행위이다. 법고창신(法古創新)이다.

과거 지식과 문화를 통해 우리의 의식을 자극하고 머무르지 않아야 한다.

세월을 잊고 항상 자신을 변화시키면서 역동적으로 살아가는 삶은 현존하는 고전이다.

찰스 다윈(Charles Darwin)은 '인간은 원숭이로부터 진화했다'고 말한다. 네 발이 서서히 직립이 되면서 의식도 발전을 거듭했다. '현재 살고 있는 생물은 긴 세월을 두고 지속적으로 변해왔고, 과거의 살았던 많은 생물은 지금 사라지고 없다'. 생물은 '적자생존' 속에 '자연선택'을 거듭한다. 변하지 않는 인간은 무생물이고, 시대성 없는 기업은 망하고, 변화를 거부하는 사회는 도태되어 사라지고 만다.

사계절 춘하추동을 통해, 우주의 변화 원리를 통해 우리 의식을 살펴본다. 한 식물의 생성, 성장, 열매 맺고 수확하는 과정을 통해 무한 변화를 생각한다. 식물을 통해 끈질긴 생명의 변화를 느껴본다.

작은 텃밭에 우주가 들어 있다. 벅차다.

의당 머무르지 않아야 그 마음이 생(生)한다.

應無所住 而生其心 (金剛經)

오늘도 깨달음을 구하는 보리밭에 사계(四季)의 바람이 분다.

부지런함을 잊지 말고

그 먼 옛날 남한산 자락 옹기종기 모여 작은 부락(部落)을 이루었다. 숲에 산새, 고라니, 멧돼지가 살고, 그 작은 분지에 사람이 살았다. 산간 마을에 상추랑 배추랑 마늘이랑 인정을 키우며 대를 이었다. 숲속 마을은 작은 전답에서 먹거리 해결하고, 땀 흘려 서울에서 공부하는 자식들 교육비를 충당했다. 심지어 산에 핀 진달래꽃을 따 천호동 시장에 내다 팔아 아들 교통비를 마련했단다. 높고 넓은 숲속에 작은 터전이 자리 잡았다. 이제 후손들이 부모님 땅을 일구며 '직거래 장터'에 농산물 팔며 생업을 이어간다.

저만치 해발 460m 두리봉 정상에서 흐르는 낮은 능선이 아늑하다. 낮게 흐른 능선 사이 분지의 부락과 전답은 해발 300m에 위치한다. 산속에 묻힌 밭의 농산물은 산바람에 키가 크고 새벽이슬로 열매가 익는다. 400m 이상 고랭지는 아니어도 산간 마을은 도시에 비해 기온 차이가 심해 농산물의 맛과 영양을 풍요롭게 한다. 그래서 이 마을 농산물을 좋아하는 도시인들이 직거래 장터를 이용한다. 시골 인심과 건강한 농산물이 공존한다.

그 옛날 산토끼 뛰어놀던 공간이 차츰 도시인들의 귀촌 귀농의 땅이 되었다. 1차 산업 농촌마을이 도시인들 쉼터, 숨 터가 되고 있다. 도시에 없는 숲과 산새가 살고, 맑은 바람과 구름이 떠다닌다. 각박하지 않고 다투지 않은 자연과 자연물이 존재한다. 그 안에서 인간은 땀 흘리며 자신의 존재를 확인한다.

그런 시골 한 모퉁이에 텃밭을 마련했다. 도시에서 가까워 귀촌, 텃밭 생활로 적합한 공간이다. 경제적 활동보다 여가, 여유, 소통, 교류, 교감, 건강의 터전이다.

도시의 해방구, 도시인의 탈출구인 보리밭은 노동과 휴식의 현장이다. 남한산성 자락 한적한 곳, 높지 않은 야산의 능선이 물처럼 흐르는 곳으로 고요가 숨어있다. 감춰진 곳에서 깊은 내면의 세상을 본다. 은둔, 사유의 공간이다. 사람, 차량 소리 대신 바람 소리 있어 명상의 땅이다.

텃밭인 보리밭 앞에 농사를 짓기 위해 만든 농로가 있다. 겨우 차 한 대 지날 수 있는 매우 한적한 산책길이다. 보리밭 뒤편으로 산이 있고, 앞은 정남향으로 산 능선이 펼쳐져 있다. 저만치 산이 굽이굽이 흐르고 사계절 변화를 보여 준다. 다투지 않은 능선은 욕심이 없다. 양지바른 비옥한 땅에서 작은 꿈을 이룬다. 산, 마을, 전답, 바람이 옹기종기 모여 산다.

산에서 내려오는 바람과 좀 일찍 찾아오는 오후 산그늘이 여유롭다. 묵언의 마을, 산 그늘조차 주민이 된다. 숲속 작은 마을의 늦은 오후, 기도처 선원이 된다. **숲과 고요가 산간 마을을 지킨다.** 간혹 거친 바람이 마을을 지날 뿐 적멸(寂滅)이다.

집에서 30분 거리 남한산 자락. 서울 회색 콘크리트가 싫증나면 휙 달려갈 거리이다. 인근 카페를 찾아 커피를 마시듯 텃밭에 들러 땅과 식물을 만난다. 땀은 몸을 유쾌하게 자극하고 마음을 즐겁게 돕는다. 커피 향보다 진한 흙냄새, 척박하든 비옥하든 흙은 그 깊이가 있다. 매일 다른 세상을 펼쳐 보인다. 적당한 피로는 긴장이다. 바이올린 현의 아름다운 선율을 즐길 수 있다. 아름다움도 멀리 있으면 즐길 수 없다. 가까이에서 흙냄새 맡고, 땀 흘리며 농업, 노동을 즐긴다.

도시가 답답한 도시인들이 둔전마을 보리밭 앞길을 산책한다. 대개 부부가 한적하게 거닐며 일하는 초보 농부를 붙잡는다.

"매일 오세요?",

"이동식 주택은 얼마예요?",

"물과 화장실은 어떻게 해결해요?"

직장을 퇴직하거나 예정인 사람들, 자녀 교육, 결혼을 마친 젊은 어르신들, 이제 자연, 텃밭에 관심이 많은 나이이다. 그래서 선배(?)인 초보 농부에게 질문이 많다. 화창한 주말에 푸른 삶을 꿈꾸는 부부는 시골 마을을 찾는다.

대개 텃밭을 일구어 작은 소득을 구하거나, 퇴직하고 소일거리로, 친환경 농산물로 손수 식단을 꾸리고 싶고, 자연을 통해 건강을 찾고 싶은 사람들이다.

파란 하늘을 우러러보거나, 푸르른 앞산을 그리워하거나, 초록의 농산물을 가까이하거나. 그리고 적당히 땀 흘리고 싶다. 초록이 정신을 맑게 하고 가슴을 정화한다. 자연을 닮고 싶다. 갈구이다.

"一日不作 一日不食"

스님들의 생활관이다. 인생 공짜 없으니 자신의 먹거리 자신이 가꾸라는 소박한 가르침이다. 수행하기 바쁜데 텃밭에서 채소를 키울 시간이 어디 있는가? 하지만 흙에서 땀 흘리는 것도 수행이다. 참선의 정신과, 텃밭 노동의 육체가 어울린 수행이 참신앙이다. 참선에 지친 영혼, 땅 파면서 용맹정진 주문한다. 운력(運力) 없는 수행은 공염불이다. 삭발한 승려의 이마에 땀 맺히면 부처가 빙그레 웃는다. 땀 또한 가피력(加被力)이다.

'기도하며 일하라'
어느 신앙은 그렇게 주문한다.

한의학의 경전인 『황제내경』은 한의학의 기본 이론을 수록하고 있다. 2,000여 년 전 이론인데 현재에도 유효한 한의학의 기초 이론이다(상고천진론).

옛날 사람들은 양생의 방법을 알아

法於陰陽 – 음양이 변하는 법칙에 따르고
和於術數 – 수신 양생의 법에 조화롭고
食飮有節 – 폭음 폭식하지 않는 절도가 있고
起居有常 – 행동과 수면은 일정하고
不妄作勞 – 부지런함을 잊지 말고 정기를 양생하여
100세를 넘어 비로소 세상을 떠났다.

그 먼 옛날 100세 시대를 논하였다.

4계절 변화에 순응하고, 변화에 적응하는 삶을 중요시하였다. 자연의 이치를 깨닫고 절제된 노동을 권한다. 게으르지 말라는 주문, 부지런하게 살라는 부탁이다.

로(勞)는 적당한 노동, 활동을 뜻하리라. 적당히 땀 흘려 심신의 건강을 챙기라는 교훈이다. 노고(勞苦) 노동(勞動), 노역(勞役), 노작(勞作). 부지런히 활동하는 가치이다. 산책, 등산, 운동도 로(勞)의 범주이다. 로(勞)는 땀이 동반하여 심신이 건강해지는 과정이다.

노역의 땀은 전신 운동이다. 자극으로 신진대사를 촉진하고 면역력을 증진한다.

텃밭은 로(勞)가 있는 공간이다.

땅을 일구고 땀 흘리며 여가 여생을 즐기고 싶다. 땀 흘려 체내 불필요한 지방을 태우고 필요한 근육을 늘리니 면역력이 증진되고 얼굴이 윤택하다. 활동하지 않고 나태하면 비만이 된다. 과체중은 만병의 원인이다. 정상 체중, 약간 모자란듯한 체중은 인생이 가볍고 평균수명이 증가한다. 초보 농부 1, 2년만 지나도 살이 빠지고 육체적인 건강이 좋아지는 것을 느낀다. 고혈압, 당뇨병 등 현대 성인병을 약에만 의존하지 말자. 땀은

혈압, 혈당의 조절 기능을 가진다.

흙의 텃밭은 마음의 여유까지 생겨 정신이 풍요롭다. 친환경 농산물과 함께 마음의 정화까지 이룬다.

시골에서 허투루 땀 흘리지만 더 큰 삶이다. 좀 영특한 바보이다. 바보이고 싶지 않은 바보의 몸부림이다.

텃밭에서 땅을 밟으며 소우주인 인간이 대우주와 호흡한다. 땀의 가치이다.

초보 농부는 비바람 견디며 거친 세월을 보낸 한 그루 소나무를 꿈꾼다.

남한산 자락의 노송(老松)이 인사한다. 자신도 거친 자연을 견디며 살았다고 지혜를 준다.

초보 농부는 그 숲속으로 들어간다. 솔 향기, 그 바람에 취한다.

라르고

도시는 경제의 영역이니 경쟁이 동반된다. 느긋한 시민은 뒷방으로 밀려난다. 치솟는 아파트값, 치열한 입시에 적응해야 한다. 강남 지하철역 그 많던 승객이 내리고 더 많은 시민이 탄다. 불과 30초 이내 승객이 나오고 들어간다. 그리고 쌩 지하철은 달린다. 그 30초, 무너져서 안 되는 질서다. 한 지하철이 떠나고 4~5분 후 또 다른 열차는 어김없이 그 플랫폼에 도착하고 또 서둘러 떠난다. 지하철은 새벽 6시부터 늦은 24시까지 덜커덕거리며 서울 시내 땅굴을 서둘러 달린다.

그리고 지옥철로 출근한 직장 8시간은 헐렁하지 않다. 무한 경쟁과 조직 사회의 노사, 갑을, 상하, 빈부는 그리 만만하지 않다.

초저녁이 되면 술집 골목에 불을 밝히고 서서히 술꾼들이 선술집을 찾는다. 하나둘 술병이 비고 하루의 스트레스는 고성으로 변한다. 왁자지껄 도시인의 피로가 골목 술집에 가득하고, 또 고단한 영혼은 알코올에 의지해 위로받고 싶다.

도시 회색 문화에 찌든 도시인들 이제 녹색 자연에서 쉬고 싶다. 바쁘지만 그리 존재감 없는 도시에서 벗어나 새, 바람 소리 듣고 싶다. 허둥댄 도시를 벗어나 한적한 시골을 찾자. 그리고 먼 하늘의 구름을 보며 번민이 가득한 가슴을 비우자. 빈 가슴에 새 생명을 키워보자.

삶의 질을 향상시키는 여유, 여가, 자유, 도전, 긍정, 건강, 활력, 충만, 수확, 희망 등 매우 긍정적인 언어가 바로 귀촌, 텃밭에 있는지 모른다.

늦게 시골 생활한다고 서두르지 말자. 생소한 텃밭이라고 두려워하지 말자. 적극적이되 급하지 말자. 귀촌에 대한 서적을 보고, 선배들의 경험담을 듣고 몇 년 후를 생각하고, 차분히 접근하자.

우선 텃밭부터 위치, 규모, 주위 환경, 투자 금액, 향후 전망 등을 고려하여 구입하자. 시행착오는 경제적 정신적 손실을 가져온다. 기회가 많지 않아 신중해야 한다.

희망의 전답을 구입하면 사용처에 따라 토목공사를 해야 할지, 그대로 사용할지 고민해야 한다. 대개 전 주인이 오랫동안 농사지은 땅이니 그대로 사용한다. 손을 많이 대면 그만큼의 경비와 사후 관리 힘들다. 물론 더 나은 용도와 편의성이 있다면 과감한 시도가 필요하다.

필자는 4단으로 된 밭을 2단으로 토목공사를 했다. 3/4은 정원 농장으로 사용하고 1/4은 이동식주택을 앉힐 계획을 세웠다.

포클레인은 대단한 능력이다. 며칠 사이에 지형을 바꾼다. 그러니 계획을 잘 세워야 후회하지 않는다. 잘못 삽질하면 다시 공사해야 한다. 서두르면 그 대가를 치른다. 멍청이를 자인하는 과정은 혹독하다. 도시인의 시골 살림은 새로운 환경이고 도전이다. 경험자에게 조언을 구하고 지혜를 모아야 한다. 시작부터 삐꺽거리면 즐거움보다 괴로움이 더 많다. 도시인이 시골살이에 세련되지 않은 것은 당연하다. 바보 초보라 생각하고, 그런 마음으로 다가가야 한다.

필자는 신고하지 않고 석축을 쌓아 주위 민원에 몇 년째 시달리고 있다. 불법으로 인한 강제이행금을 납부하는 정신적 경제적 지출을 감당하고 있다. 도시인이 농지법 등 아주 생소한 법률적 해석을 모르는 것이 당연하다. 행정처에서 초보 농부라고 불법을 묵인하지 않는다. 조금만 서두르지 않고 관할 행정기관에 문의했으면 전혀 문제 될 것 없는데 후회된다. 무식하면 용감하고, 그 결과는 참혹하다. 귀촌 초기 서두르지 말자(하긴 초보가 또 다른 초보에게 충고할 입장이 아니지만). 어쩌면 평생 같이할 땅이니 천천히 친해지는 것도 좋다.

라르고(Largo), 느리지만 폭넓게 풍부하게 자연을 보고 듣고 느끼자.

시골은 우아한 낭만보다 고달픈 현실이 많다.

도시 아파트에서 편리하게 살았으니 농촌의 원두막이면 어떻겠는가. 한여름 더위 피하고, 시원한 수박 한 통 먹을 수 있고, 지치면 시원한 바람 맞으며 한잠 잘 수 있는 공간이면 족하다. 좀 더 욕심내어 몇백만 원 투자하여 컨테이너 설치하면 주방까지 있으니 작은 거처이다. 좀 더 진화하고 싶으면 2~ 3천만 원 투자하여 6평 이동식주택까지 생각할 수 있다. 샤워장도 있고 냉난방도 가능하니 하룻밤 지인들과 술 한잔하며 즐길 수 있어 텃밭 생활의 완결판이다. 서울 인근에 이동식주택 전문업체가 많이 있어 쉽게 구입, 설치할 수 있다. 이 또한 신고, 허가 사항이니 행정기관에 문의해야 한다. 이동식주택은 대형 트럭으로 이동하고 크레인으로 설치한다. 그래서 이동식주택을 계획하면 전답의 교통상황을 고려하여 땅을 구입해야 한다. 아무리 조용한 옥답이라도 차량이 진입하지 못하면 쉼터는 포기해야 한다.

도시 생활을 청산하고 아예 시골로 들어가는 귀농인(歸農人)은 우선 시골집 전세를 얻어 적응기를 가지면 좋다. 서울 아파트 팔면 경기도 인근 폼 나는 주택을 구할 수 있지만 적응하지 못하면 낭패다. 앞에 깊고 맑은 북한강이 흐르고 뒤편은 화야산이 감싸니 가히 무릉도원이다. 눈과 귀와 머리가 즐겁다.

하지만 귀촌 귀농인들 시골 전원생활 적응하지 못하고 다시 서울로 돌아가고 싶어도 쉽지 않다는 충고를 무시하면 안 된다. 시골 전원주택은 팔리지 않고 서울 아파트 상승하여 말년을 망칠 수 있다. 몇십 년 도시에서 살았던 도시인이 모든 생활이 낯선 전원 시골 생활 적응이 쉽지 않다. 서울에서 실컷 매연 마신 도시인들 시골에서 신선한 공기 마시면 잘 적응하지 못할 수 있다. 콘크리트 숨 막히는 술집에서 왁자지껄 술 마시다가 맑은 하늘 아래 신선한 공기 마시며 조용히 술 마시면 적적할 수 있다. 불빛의 도시에서 적막한 시골의 밤은 외로울 수 있다. 도시에 적응한 염색체를 존중하면서 시골 생활에 순응할 시간을 가져야 한다. 도시의 기(운)를 무시한 전원생활은 고통과 시련을 초래할 수 있다.

그래서 반도(半都) 반농(半農)이 나왔다. 1주일의 반은 도시에서, 또 반은 시골에서 지내자는 협상안이 등장했다. 이것도 벅차면 2촌5도, 1주일의 2일만 시골살이를 권한다. 작은 도전이며 현명한 선택이다.

서울에서 30년 넘게 살다 고향을 찾아 귀향한 친구가 있다. 물론 자녀 결혼하고 부부 단둘이 살던 아파트 청산하고 고향으로 이사했다. 허름한 고향 집 개보수하고 팔지 않은 전답이 있어 푸성귀 농사지으며 여생을 보내기 위해 고향으로 내려갔다. 풍요롭다. 물론 부부가 상의하여 내린 대단한 결정이었다. 출퇴근하지 않고, 적당히 연금 나와 경제적 부담 없고, 맑은 공기 마시고, 직접 키운 채소 먹고, 부부가 같이 지낼 수 있고, 고향 친구들이랑 막걸리를 마시니 신선놀음이다. 신세계이다. 그런데 차츰 무언가 허전해지더란다. 서울이 그립더란다.

아스팔트 아파트 도시에 살던 친구인데 시골은 잡초와의 전쟁이다. 고추밭에도 마당에도 하루 다르게 풀이 자란다. 여름에 무더위와 벌레를 이겨내야 한다. 몇십 년 만나지 않던 초등학교 동창들 대화거리가 많지 않다. 그저 동창일 뿐 서먹하다. 마을 주민들 거의 70~90대까지 고령화 되어 대화 상대가 없다. 특히 시골은 해지면 마을이 칠흑이다. 시골의 밤은 진하고 길다.

노동으로 관절 척추가 약해진다. 손가락 관절의 변형은 퇴행성이다. 허리가 차츰 굽는 것 역시 시골이 주는 시련이다. 친구의 아내는 도시에서 하지 않은 호미질을 하여 관절 척추가 망가지고 있단다. 텃밭 가는 기회보다 읍내 정형외과, 한의원 가는 날이 더 많단다.

답답해서 볼일 겸 상경하여 친구들 만나 한잔하면 살 것 같단다. 번쩍이고 왁자지껄한 서울의 밤이 예루살렘, 불국토라며 서두른 귀향을 한탄한다. 이제 다시 상경하지 못하니 시골 생활에 적응해야 한다. 30년 이상 지낸 도시인이 과연 귀농, 귀촌, 귀향이 좋은 패턴인지 고민해야 한다며 검게 탄 얼굴을 감싼다. 물 맑고 공기 좋은 시골이 꼭 무릉도원인지 숙고해야 한다.

텃밭을 마련하면 우선 호미, 괭이, 삽을 산다. 이랑을 만들고 씨앗을 뿌리려면 크고 작은 농기구가 있어야 한다. 창고에 농기구가 준비되는 재미가 있다.

철물상에 가면 농기구가 넘친다. 꼭 필요한 농기구만 산다. 전답을 파고 엎는 작은 트렉터도 필요하지만 참는다. 땀 흘리고 괭이로 땅을 파기로 했다. 경운기가 필요하지만 손수레로 족하다. 전기톱보다 일반 톱으로 나무를 자르면 된다. 전기로 10초면 자를 수 있는 것 손으로 1분 이상 자르면 가능하다. 팔의 이두박근 삼두박근이 발달하니 만족한다. 빠르지 않고 느리게 움직이는 농부는 생각의 시간을 갖는다. 텃밭은 경제적 창출을 위한 공간이 아니다. 땀 흘려 작은 결실로 **정서적 수확을 거둔다**. 산업화 기계 등을 배제하고 원시적인 도구로 충분히 텃밭을 가꿀 수 있다. 안분(安分), 자족(自足)이다. 분수를 알고 만족하고 감사하는 마음은 텃밭이 주는 또 하나의 수확이다.

그런데 꼭 있어야 할 첨단(?) 농기구가 있다. 제초기이다. 장마가 시작되면 잡초를 처리할 수 없다. 낫으로 베고 호미로 뽑을 수 없을 지경이 된다. 뜨거운 태양과 충분한 수분 공급은 잡초를 춤추게 하고 농부를 미치게 한다.

맛을 보여 주마. 제초기의 성능으로 제압해야 한다. 윙 윙 제초기가 풀밭을 지나면 풀이 먼저 넘어진다. 시 한 편 음미하며 폼나게 풀을 깎는다.

비를 몰아오는 동풍에 나부껴
풀은 눕고
드디어 울었다.
날이 흐려서 더 울다가
다시 누웠다.

풀이 눕는다.
바람보다도 더 빨리 눕는다.
바람보다도 더 빨리 울고
바람보다 먼저 일어난다.

날이 흐리고 풀이 눕는다.

발목까지

발밑까지 눕는다.

바람보다 늦게 누워도

바람보다 먼저 일어나고

바람보다 늦게 울어도

바람보다 먼저 웃는다.

날이 흐리고 풀뿌리가 눕는다. (「풀」, 김수영)

풀이 그냥 풀이 아니다. 민초(民草)이다. 풀을 통해 저항을 느낀다. 시어를 통해 자연속으로 들어간다.

창고에 전기나 휘발유로 작동되는 농기구, 농기계는 제초기 이외에 없다. 원시적 농기구로만 농사한다. 아날로그(Analog) 농법이라 힘들지만, 기계 소리와 가솔린 냄새가 없다.

필자가 밭을 마련하고 맹세한 귀촌 생활 1조 1항이 노동 시간이다.

'절대 하루에 2시간 이상 일하지 않기'

2시간 이상 일하면 노동으로 오히려 육체적 건강을 해칠 수 있다. 그러니 규칙적인 시간을 정해 하루에 2시간만 일한다.

이런 약속은 1주일도 지키지 못했다. 땅을 파다 보면, 풀을 뽑다 보면, 씨앗을 뿌리다 보면, 고추를 따다 보면, 2시간은 찰나(刹那)이다. 농촌 생활 널려진 것이 일이다. 물론 시간 가는 줄 모르니 정신 건강에 유익한데 관절과 척추는 퇴행(退行)한다. 그래서 60세 넘은 어르신들 퇴행성 관절 척추 질환이 발생하고, 심지어 골다공증 진행 속도가 빨라진다. 적당한 운동은 골밀도를 상승시키고, 지나친 노동은 골밀도를 감소시킨다. 귀촌 텃밭 생활의 목적 이유 1조 1항이 건강 유지, 회복인데 반칙이다. 중죄에 해당되어 구속감이다.

난(難)하다. 놀면서 일하고, 쉬면서 일하자는 다짐이 쉽지 않다. 농촌 생활은 이 규칙을 절대 지킬 수 없다. 농부의 다짐대로 텃밭 생활이 실천되지 않는다. 의지대로 안되는 시골살이, 이 또한 자연 공부이다. 여름철 몇 시간 텃밭에서 땀 흘리면 탈진 지경이다. 한여름 지나면 체중감소와 함께 볼살이 홀쭉해진다. 하지만 일거리 많은 텃밭 생활 요령껏 몸 상하지 않게 일해야 한다. 2시간의 일거리 4시간 느리게 일하고. 하루에 할 일 이틀에 걸쳐 나누어 일하기. 혼자 할 일 지인들과 나누어 일하기. 지혜로운 귀촌인이 되어야 한다. 현실이 녹록지 않지만 요령있게 일해야 한다. 이 또한 도시인이 농업인으로 변신하는데 발생하는 도전이니 잘 적응해야 한다.

과로는 체력 저하를 초래하지만 적당한 노동은 체력을 증진한다. 이두박근 삼두박근 승모근이 단단해진다. 귀촌인의 팔뚝, 허벅지가 발달하고 허리는 펴지고 눈은 맑다.

농업, 급할 일 없다. 하지만 게으름은 재앙이다. **느린 부지런함이 필요하다**. 그동안 도시에서 숨 가쁘게 지냈는데 시골 생활 또한 분주하면 모순이다.

게으른 베짱이도 자연이다. 앞으로 계속 지을 농사 며칠 쉰다고 별일 있겠는가. 오래가기 위해 잠깐 쉬는 안식의 시간 또한 지혜이다. 오래가기 위해 잠시 느리게 갈 뿐이다.

급하면 막히고, 바쁘면 궁색하고, 서두르면 넘어진다. 바람 따라 날갯짓하고 바람 따라 춤추고 바람 따라 속삭이니, 나는 바람이 된다. 바람에 나를 맡긴다. 바람은 생명이다.

민간이 결성한 국제 슬로우시티(slowcity)가 있는데, 지정된 마을에서 신발 끈을 묶지 않고 '천천히' 걷는 느림의 풍요로움을 즐기자는 기구이다. 국제 연맹의 심사 기준은 5만 명 이하의 작은 마을, 자연 생태계가 잘 보존된 지역, 전통문화의 계승, 유기농 친환경 농법, 대형마트 및 편의점이 없는 곳 등이다.

다행히 2009년 하동군 악양면이 한국 마을 중 5번째로 지정되었는데, 그곳은 대하소설 '토지'에 나오는 평사리가 있는 곳이다. 하동은 옛날부터 다향(茶香), 문향(文香), 도향(都香)이 사람들의 향수를 불러일으키는 매력이 있었다.

이처럼 바쁜 도시 생활에서 벗어나 자연과 더불어 '느림의 미학'을 즐기자는 캠페인은 매우 의미 있는 일이다.

우리의 전통 음식 재료인 간장, 된장, 고추장 역시 기다림과 숙성의 과정에서 얻어진다. 콩을 삶아 메주를 만들고 겨우내 건조 발효시키고 햇살이 좋은 봄기운을 받아 간장을 담그고 된장을 만든다.

외국의 소스는 천연 재료를 바로 갈아서 만든다. 그래서 소스는 산뜻한 맛이 있지만 숙성된 간장, 된장은 깊은 맛이 있다.

우리 음식이 오랜 세월을 거친 숙성의 맛이듯이 한의학 역시 기다림의 의술이다. 생명을 중요시하고 고통을 치유하는 자연 친화적인 의학이다. 한의학은 빠르고 거칠지 않은, 자연에 그 원리를 둔 부드럽고 느린 의학이다. 대우주의 법칙을 소우주에 적용한 의학이다.

한의학에서는 맥(脈)을 통해 오장육부의 기운을 감지하는데 소처럼 일정하게 걷는 맥이 건강한 맥이다. 느리지도(遲) 빠르지도(數) 않은 완만한 완맥(緩脈)이 정상 건강한 맥이다. 선비처럼 여유 있고 게으르지 않은 기운이 무병장수의 맥이다. 거북이의 걸음에서 지혜를 배우자.

한약은 그 효과가 서서히 나타난다. 초근목피(草根木皮), 자연에서 채취한 한약이니 그 성질이 강하지 않다. 자연을 역행하여 생긴 질병, 자연으로 치유하니 그 과정이 느리다.

한의학은 여운이 있고 여유가 있다. 그래서 한의학은 질병을 예방, 치유하는데 결코 서두르지 않는다. 더딘 의학으로 작은 울림이지만 큰 반향이 있다.

한의학은 볼 수도 없고 만질 수도 없는 기(氣)의 의학이다. 보이지 않는다고 존재하지 않는 것은 아니다. 사랑과 자비가 어디 손에 잡히는 존재이던가. 보이지 않는 심성을 다스리는 의학이며 보이지 않는 원인을 치유하는 의술인 한의학은 항상 과묵하고 겸손하다.

한의학은 고향 시골 창가에 소리 없이 밤새 내리는 눈처럼 서서히 다가온다. 밤새 내린 눈이 아침에 소복이 쌓이듯이 한의학은 조용히 인체를 다스린다.

어쩌면 동양철학에 근간한 한의학을 전공하여 시골 생활 적응하는 데 도움 되는지 모른다.

텃밭에도 음양오행이 있으니 그리 어색하지 않다. 느리게, 하지만 꾸준히 익히리라 다짐한다.

색(色)을 심는다

봄이 되면 들에 새순이 돋고 농부의 가슴에 설렘이 핀다. 침잠의 텃밭에 생명이 소생하고 , 그 새 생명을 만난 농부는 기대와 걱정이 가득하다. 두근거림도 잠깐 농부의 발걸음이 빨라진다. 봄바람도 초보 농부도 괜히 분주하다.

색(色)이다. 저만치 펼쳐진 **산은 매일 변화의 일기를 쓴다.** 이름 모를 보라색 야생화가 낙엽을 뚫고 아직 차가운 봄바람을 맞는다. 작아서 더 기특하고 아름다운 야생화의 작은 생명력에 감사와 감탄을 보낸다. 들과 숲은 서서히 다른 색을 보이기 시작한다.

퍼석하고 수척한 숲은 이제 새 생명이 시작한다. 그동안 겨울의 추위와 폭설은 휴식이었고 성찰이었다. 인고의 시간을 견딘 참나무는 과묵하다. 이제 생강나무의 노란 꽃이 피고, 봄바람에 연두색 새순이 올라온다. 하루하루 다르게 숲은 성장하고, 차츰 봄바람은 순해진다. 겨울을 이긴 연약한 새 생명의 노래는 결코 초라하지 않은 울림을 전한다. 연두색 숲 사이 하얀 층층나무 꽃이 채색을 한다. 연두색 캔버스 바탕에 작은 백색이니 곱고 맑다. 잔잔한 풍광이 아찔하다. 여백의 작은 변화, 큰 울림으로 다가온다.

아름다운 배색에 눈이 머물고 밭 갈던 농부는 잠시 괭이를 놓고 밭두렁에 앉는다.

곱다. 새 생명의 연두색과 순결 순수의 백색이 캔버스를 꽉 채운다. 그 작품은 오래가지 않아 더 애를 태운다. 이 사계절 중 연두색 숲은 새 생명을 잉태하여 계절의 절정을 이룬다. 텃밭도 숨죽이고 새 생명의 시작을 준비한다. 숲속에서 연분홍 진달래꽃이 피고 이내 영산홍이 따뜻한 봄바람을 즐긴다. 소담한 하얀 아카시아꽃이 피면 봄도 성숙해진다.

파랗게 익어가는 봄을 만난다.

초보 농부는 고추 모종을 심고 지지대 세우고 한 해 농사를 기원한다. 작지만 파란 고추 모는 강한 생명력을 간직하고 있다. 키가 크고 잎도 많아지고, 그리고 파란 고추가 열리고 여름 정열의 햇살을 받으면 자신도 그렇게 붉게 익어갈 것이다. 성장과 함께 변하는 고추를 통해 상념에 젖는다. 파란 물감이 붉게 되는 그 변화는 신비인가 조화인가. 파란색은 청색대로 붉은색은 적색대로 맛과 향과 성(性)이 있다. 키 크고 가지 뻗은 고추는 어린 모를 잊은 지 오래다. 성숙한 고추는 결실을 준비한다. 작고 하얀 꽃을 셀 수 없다. 고추밭을 스친 바람은 강하고 햇살은 진하다. 파란 바람에 고추가 자라고, 붉은 바람에 고추가 익는다.

농부는 자신만의 눈으로 자연의 색을 본다. 자신만의 그림을 그린다. 농부는 화업(畫業)과 겸업(兼業)한다.

장마를 거친 고추는 붉게 익고 농부의 손길이 바쁘다. 농약 살포하지 않은 햇볕에 말린 태양초는 결실의 완성이다. 친환경 고추는 붉고 또 붉다. 그 진한 적색을 기억해야 한다. 열정, 결실, 도전, 극복, 환호. 그 태양초를 보고 있으면 이내 빨려들고 만다. 더 이상 은은하고 강한 적색을 표현할 수 없다. 캔버스에 적색을 칠하고 마르면 다시 적색을 칠하고, 반복의 반복을 거듭하여 태어난 적색이니 그 깊이 남다르다. 부드러우면서 강하니 격하다.

남색을 보려거든 가지밭에 가자. 야무진 가지에 남색 가지가 매달려 있다. 기다랗고 구부러진 가지 모두 남색이다. 은은한 남색에 한동안 눈길이 멈춘다. 여름 내내 건강한 남색이 열린다. 가지 한 그루만 심어도 한 가족 실컷 따 먹는다. 그 남색에 건강의 비밀이 숨어 있다니 귀하다. 다 먹지 못한 가지는 말려 겨울에 먹는다. 건조 과정을 거친 가지는 식감의 깊이가 있다.

호박꽃은 항상 따돌림이다. 못 생기고, 천대받고, 고상하지 않고, 꽃 같지 않은 꽃, 젊지 않으면 호박꽃이라 한다. 암꽃이 수정이 되면 파란 애호박이 자란다. 파란 애호박은 뜨거운 햇살을 먹고 가을이 되면 노랗게 익는다. 사람은 햇볕에 검게 타는데 호박은 노랗게 늙는다. 파란 애호박은 신선하다. 노란 늙은 호박은 겉을 드러내지 않고 화장하지 않은 그저 노랑이다. 촉촉하지 않고 번들거리지 않고 거친 채색. 좀 속 깊은 색깔로 정감이 있다. 농부의 거친 손. 화려하지 않아 변심 없는 노란 호박은 그 속이 달고 달다. 늙은 호박을 한 아름 안고 있으면 온기가 전해진다. 서민의 꽃, 농부의 호박이 익으면 가을이 깊어간다. 그리고 첫 서리 내린다. 상강(霜降), 모든 작물은 성장과 결실을 멈추고 겨울의 시작이다. 농부의 가슴에도 첫 서리 내린다.

오방색(五方色)을 아시나요? 한국화 화가들의 작업실에 다섯 가지 색이 있다. 그 근원은 자연에서 태어났다. 동서남북 4방향과 화합과 중앙을 상징하는 색을 합해 5가지 색이 되었다. 동서남북을 4계절과 배합하였다. 춘하추동 4계절을 4방위(方位)와 배합한 것이다. 동쪽은 봄, 서쪽은 여름, 남쪽은 가을, 북쪽은 겨울로 연관 지었다. 봄은 청색, 여름은 적색, 가을은 백색, 겨울은 흑색으로 배속했다. 그리고 그 중앙에 융합, 통섭, 조화의 황색을 설정하였다.

동양의학은 4방(方)과 4계절을 오장육부와 연결하였고, 그 이론으로 인체를 다스리는 한의학이 탄생하였다. 봄은 간, 여름은 심장, 가을은 폐, 겨울은 신장과 연결하여 그 생리와 병리기전을 설명한다. 좀 어렵나요?

아무튼 동양 회화는 5가지 색깔로 화선지를 채우고 우주 삼라만상을 표현한다. 서양의 그 다양한 컬러에 비해 소박하고 단순하다. 색의 절제는 동양의 미학이다. 그래서 동양 회화는 여백, 은둔의 깊이를 보아야 한다.

노랑은 4계절, 4방(方)에 속하지 않은 중앙에 위치하여 조화를 뜻한다. 어쩌면 진보 보수에 속하지 않은 중도의 색이다.

텃밭에 제일 심고 심은 나무는 목단이다. 땅을 마련했으니 망설이지 않는다. 한국 목단은 홑꽃이라 겹꽃이 피는 중국 목단을 산다. 먼 거리 바다 건너온 녀석이라 좀 비싸지만 그만큼 귀하고 가치가 있다. 작약은 관목(灌木)이지만 목단은 교목(喬木)

이다. 땅에서 여러 줄기가 나오는 관목과 달리 한줄기가 나오는 교목은 자존감이 있다.

옛날부터 목단은 부귀영화를 뜻하여 집 안마당에 심었다. 사대부(士大夫) 집안은 목단 그림 한두 점 집안에 걸어 놓았다.

초보 농부는 목단을 텃밭에 심는다. 욕심꾸러기 초보 농부 돈벼락 맞게 해 주시옵소서. 대박, 행운을 주소서. 재물과 행운을 심는다.

목윤절윤(흑적색) - **화왕**(적) - **황관**(황색) - **도금**(연분홍) - **설영도화**(백)

왼쪽에 붉은 목단을, 오른쪽은 하얀색을, 가운데는 조화를 의미하는 노란 목단을 심는다. 각기 다른 색의 목단은 노란 황관을 통해 일체감 있게 꽃을 피운다. 정열과 냉정을 통섭(統攝) 한다. 감성과 이성의 균형미이다.

한 1주일간 피는 목단이지만 봄이 오면 기다려진다. **보리밭에 화려한 수채화가 핀다.**

노랑은 따뜻하다.

생강은 음식 양념으로 많이 사용하고 가을 수확하고 주위 분들과 나누면 가슴까지 따뜻해진다. 김장 양념은 물론 생강청이나 편생강으로 겨우내 먹을 수 있다. 생강은 몸을 따뜻하게 하는 매운 진저롤(gingerol)성분이 있어 차로 달여 먹으면 몸이 훈훈해진다. 몸이 냉한 여성은 인삼 홍삼 다음으로 생강이 으뜸이다.

초봄에 종강을 구입하여 따뜻한 곳에서 싹을 틔우면 빨리 생강 싹이 올라온다. 배수 잘되게 두둑을 높게 하고 심는다. 전국 생산 주산지는 충남 서산 당진, 전북 봉동이다. 그 지역 주민들은 생강 농사지어 자녀 교육시키고 시집, 장가보냈단다. 종자 생강을 심고 한 달 이상 지나야 파란 어린싹이 올라온다. 지루하지만 참고 기다려야 생강의 생명력을 볼 수 있다. 밑거름, 몇 차례 웃거름을 해야 수확량이 늘어난다. 물론 비료를 사용하지 않고 발효 한약재를 몇 차례 생강 사이에 주면 착하게 큰다. 폭염과 폭우의 여름이 지나고 아침저녁으로 좀 찬 바람이 불 때 잎이 무성해지면서 폭풍 성장을 한다. 자신의 몸이 더워 더위를 싫어하는 것 같다. 한여름의 더위를 피하기 위해 생강밭에 차광막을 하면 생산량이 늘어난다. 더위가 수그러든 서늘한 초가을이 생강의 성장기이다.

생강을 캘 때 그 수확의 기쁨은 낭만적이다. 엄지손가락 크기의 종강이 야구글러브보다 크게 성장한다. 배수 관리만 잘하면 큰 병충해 없이 경작할 수 있다. 초보 농부는 갑자기 농학박사로 신분 상승한 느낌인데 사실 심한 헛발질이다. 풍년이라고 동네방네 떠들고 다니는데 참으로 딱하다. 종강 심고 풀 뽑은 것이 전부인데 대단한 농법으로 착각한다. 그저 자연의 힘일 뿐인데 자신의 능력으로 오해한다. 필자가 그랬다. 쉿!

수확한 생강으로 생강 청을 만들기 위해 세척하고 껍질을 벗겨 얇게 썬다. 그리고 하룻밤 지나 유리병에 꿀이나 설탕과 함께 담으면 끝이다. 하룻밤 지내는 이유는 과한 수분을 증발시키기 위해서이다. '큐어링(Curing)' 과정인데 고구마, 감자, 무 같은 뿌리 농산물은 캔 다음 그늘에 하루 이틀 말려 수분을 일정 증발시키고 세균을 방지하면 저장성이 좋기 때문이다.

얇게 자른 생강이 하룻밤 지나면 그 색이 참으로 곱다. 한 채반 썰어 놓은 편생강이 노란 즙을 머금어 촉촉하다. 감탄사가 나올 정도로 은은한 노란색이다. 노랑의 으뜸이다. 진하지 않고 연하지 않은 중도(中道)의 노랑이다. 보는 것만으로도 몸이 따뜻해진다. 모든 색을 포용하는 황색이 마음까지 풍요롭게 한다. 내년에도 생강을 심어야겠다.

아파트 베란다에 도라지 씨앗을 포트에 심고 모종을 육묘한다. 봄바람 불면 조그맣게 올라온 새싹을 텃밭에 이식한다. 그리고 한 달이 지나면 파란 잎의 도라지가 제법이다. 그리고 장마 전 보라색 꽃이 만개한다. 키 큰 도라지는 꽃을 이기지 못하고 비실거려 몸져눕는다. 보라색이 지천에 펼쳐진다. 참으로 곱고 귀하고 진하다.

자연 보라색 도라지는 좌우 이랑에 심고 가운데에 백도라지를 심는다. 백색을 가운데 둔 보라색은 더욱 돋보인다. 보라색이 지루하지 않도록 백색을 안배했다. 화려한 보라색을 백색으로 좀 감춘 배려이다. 백색은 보라색의 보호를 받는다. 하얀 실크에 보라색 꽃이 핀 남방을 입고 싶다.

화백은 서로 다투지 않게 그렇게 색을 심는다.

먹거리 도라지를 심지만 미각보다 시각이 우선한다. 시력을 회복한다. 그저 캔버스에 고운 색을 칠한다. 초보 농부는 잠시 단색화 작가가 된다.

자연의 색은 시초, 원초, 근원, 근본이다.

그 자연을 디자인한다.

자연의 색이 핀다.

농부의 시력은 회복된다. 혜안(慧眼)을 꿈꾼다.

텃밭은 본디 색을 품고 있다.

식물 무소유

법정 스님의 무소유는 큰 교훈으로 남는다. 종교를 떠나 일반인들의 마음공부에 도움이 되었다. 그 책을 읽지 않으면 지식의 무소유로 많은 독자가 생겼다. 일반 현대인은 소유욕이 가득한데 스님의 무소유는 생경했다. 그래서 삶의 지혜로운 메시지로 충분했다. 소통, 교감, 포교의 엄중한 무게를 느낀다.

'우리는 필요에 의해서 물건을 갖지만, 불필요한 물건은 얽매이니 갖지 말라'

'멈추면 보이고, 비우면 열린다'

생활에 꼭 필요한 물건만 소유하라는 말씀. 우리 주위를 돌아보면 법정 스님의 교훈을 모두 어기고 있지 않은지, 신발은 몇 결레인지, 옷장의 옷은 꼭 필요한 것들만 있는지, 부엌의 식기는 필요 이상이 아닌지. 가지고 있는 가방은 모두 요긴하게 사용하고 있는지. 특히 우리들의 재물 욕심은 어디까지인지?

무소유, 모든 사물을 갖지 말라는 말씀은 아닐 텐데 어려운 주문으로 사유해야 한다. 자본이 팽배한 현대 사회에서 스님의 가르침을 기억하고 실천한다면 현자(賢者)이다. 서적을 통해 교훈을 얻는다면 이 또한 지혜이다.

무소유 사상은 불교의 사성제(四聖諦)를 통한 교훈이다. 1)고(苦), 2)집(集), 3)멸(滅), 4)도(道) 사상이다. 1), 2)의 고, 집은 고통의 현실 세상을 뜻하고, 3), 4)의 멸과 도는 깨달음의 세계에 이르는 수단과 방법을 말한다.

무소유는 3) 집제(集諦)의 과정으로 번뇌를 소멸시킨 이상의 경지를 나타내는 진리이다. 집제는 인생의 무상(無相), 속세와 인연을 끊는 인연(因緣斷), 진실(眞實), 자연주(自然住) 경지이다. 무소유(無所有) 또한 집제의 수행 방법중 하나이다.

물질과 정신의 무소유를 사유하자. 버릴수록 채워진다니 그 어려운 교훈을 새겨본다.

무소유의 생활철학이 식물에도 적용된다. 식물의 무소유를 생각하면, 이 또한 보리(菩提)를 공부하는 방편이다.

* 순치기

고추가 뿌리내려 키가 크면 아랫부분 잎을 제거하여 고추의 성장을 돕는다.

작은 고추모가 서서히 커지면서 한 뼘 부위에서 줄기가 Y 부분으로 갈라져 성장한다. 그 Y 방아다리 모양 아랫부분의 잎과 줄기는 고추 성장에 도움이 되지 못하고, 오히려 고추의 성장을 저해한다. 마땅히 방아다리 아래의 잎과 줄기는 제거해야 한다.

오이와 호박 재배 역시 순치기를 해야 다수확 할 수 있다.

대개 호박은 원줄기인 어미 순을 자르고 곁에서 나온 아들 순만 키워야 호박꽃이 피고 열매를 맺는다. 오이는 그 반대로 본줄기가 5, 6마디 지나면 본줄기인 어미 순만 키우고 곁에 나온 아들 순은 모두 잘라버린다. 그리고 오이가 맺히면 그 아래 잎은 모두 따 주어야 앞으로 성장할 수 있다.

이런 '순치기 농법'이 그 농작물이 꼭 필요한 줄기만 성장시켜 많은 열매를 맺고 병충해에 견디는 방법이다. 잎과 줄기가 무성하면 열매에 공급되는 영양분이 덜하다. 열매에 꼭 필요한 줄기만 키워야 다수확 할 수 있다.

순치기 농법이 인간에게도 적용된다. 나에게 불필요한 곁가지는 무엇인지 호미를 놓고 먼 산을 바라본다.

삶의 순치기. 우리들의 생각을 순치기해야 한다. 군더더기 없는 삶은 생활을 윤택하게 한다. 욕심(貪)은 화(禍)를 불러일으킨다. 분노(瞋)를 자제하지 않으면 정서를 해친다. 어리석음(痴)은 정신과 물질의 결핍을 초래한다.

* 가뭄과 홍수

대개 식물은 물을 좋아하든 싫어하든 물이 과잉 공급되면 성장하지 못하고 심지어 고사한다. 물이 많아지면 뿌리가 견디지 못하고 썩고 만다. 폭우 장마를 대비하기 위해 배수 잘 되는 토양에 농산물을 재배해야 한다. 물 잘 안 빠지는 점토질의 땅에 수분에 취약한 식물을 심으면 안 된다.

물이 부족하면 농작물의 수확량이 줄지만 죽지 않는다. 수해로 인한 농작물은 전멸이다.

작물에는 적당한 퇴비를 주어야 한다. 그런데 많은 퇴비 공급은 성장을 촉진하지만 결실(열매)은 미약하다. 식물이 충분한 영양분이 공급되어 생활이 윤택하여 열매를 맺지 않고 성장시키지 않는다. 적당한 영양 공급이어야 건강한 열매를 맺는다.

과식으로 인한 비만을 상기해 보자. 분명 비만한 식물은 잎만 무성하고 사과, 배, 과일은 열리지 않는다, 특히 대추는 영양이 과다하면 절대 열매가 맺히지 않는단다. 멍충이 비만 대추나무는 가을이 되어도 앙상한 가지에 찬 바람만 분다. 영양이 부족하면 대신 자체 면역력으로 열심히 광합성 작용하여 풍성한 열매를 맺는다.

어릴 적 부잣집 아들이 풍요를 관리하지 못하면 그 많은 재산 탕진하고 빈곤해진다. 금수저가 흙수저 된다.

가난뱅이 젊은이가 열심히 살아 고단한 가난을 극복하면 부를 축적할 수 있다. 모자람이 삶을 단단하게 한다.

산 아래에 수분이 풍족한 텃밭은 다래 성장의 최적지이다. 개량종 다래인 '용성 2호'는 열매가 크고, 당도(糖度) 높고, 병충해 강하다. 식재 이후 주위 잡초 수시로 제거하고 지지대 유인망을 설치하여 성장을 도왔다. 작은 나무가 언제 커 다래가 맺힐까? 조급한 마음이 앞선다. 부숙한 한약재와 유기농 비료를 나무 한 뼘 거리에 파묻는다. 얼른 보약 먹고 얼른 자라라는 주문, 부탁이다. 그런데 2주 후쯤 영양제 먹은 다래는 비실거리더니 몇 장 안 되는 잎이 말라 죽어가고 3주 후에는 아예 마른 잎이 땅에 떨어지고 말았다. 고사한 다래나무는 분명 과다한 퇴비가 그 원인이다. 아직 건강하지 못한 어린나무에 많은 퇴비가 공급되어 견디지 못하고 죽고 말았다. 그저 적당한 햇볕과 수분, 그리고 바람만 있으면 알아서 성장할 텐데, 무지는 형벌이 되었다. 어린나무에 각종 퇴비 비료는 선이 아닌 악이 된다. 그저 햇볕과 강수만 있으면 잘 클 다래는 농부의 지나친 관심, 퇴비, 욕심이 재앙이 되었다.

수분, 햇볕, 바람. 식물이 성장하는데 꼭 필요한 요건들. 성장 수확의 기본 요소들이니 식물의 무소유이리라. 자연이 주는 대로 그대로 받아들이면 족하다. **자연의 무소유가 결실을 맺어 인간의 소유가 된다.**

인간이든 땅이든 지나침은 부족함만 못하다. 작은 텃밭에서 큰 교훈을 얻는다.

* 달랑 한 송이 달린 포도

텃밭을 사면 심고, 씨 뿌리고 싶은 식물로 머리가 가득하다. 쌈 채소도 좋고, 과일나무도 텃밭에 필요하다. 관리하기 편한 유실수를 심자. 식물이 커가는 모습을 보고 나무에 달린 과일을 따 먹는 재미가 기대된다. 감, 배, 사과, 아로니아, 블루베리, 자두, 앵두, 밤 등. 입안에 진한 침이 고인다.

언제인가 마트에서 본 샤인머스캣(shine muscat) 포도는 충격이었다. 몇 송이 안 담긴 소포장이 몇만 원이라니 가격에 놀라고, 육질이 단단하고 땡글 땡글하고 껍질이 얇으며 촉촉한 당도에 두 번 놀란 경험이 있다. 파란 작은 알갱이의 천연 단맛이 온몸을 전율하게 한다. 평소에 먹던 검푸른 캠벨 포도와 비교되지 않을 맛이다. 고급이다. 맛있다. 그리고 비싸다. 유혹이다.

이른 봄 산림청 묘목 판매처를 찾았다. 실한 3~4년생 샤인머스캣 묘목이 초보 농부를 기다리고 있다. 식물을 통해 애정을 느낀다. 작은 식물은 귀한 가족이 된다.

초보 농부의 미소는 순하다.

'그래, 내 텃밭에서 같이 살자'

묘목 파는 아저씨는 눈치 100단이다.

"올해부터 포도 열릴걸요."

입안에 달고 상큼한 침이 고인다.

양지바른 땅을 깊이 판다. 초보 농부는 그 묘목 아저씨의 주문대로 포도를 심는다.

"퇴비는 주지 말고, 대신 물은 흠뻑 주세요."

두어 달쯤 햇살과 바람은 포도나무를 간지럼 태운다. 포도나무는 땅에 뿌리내린 만큼 가지를 뻗고 잎을 틔운다. 양지바른 곳의 다섯 그루 포도가 가지를 뻗는다. 이제 가족이 늘었다. 농막 앞마당에 의젓한 포도 다섯 식구가 생겼다. 오지다. 파란 잎이 하나둘 생기고 키는 점점 커진다. 가히 폭풍 성장이다.

어릴 적 고향 집 뒤뜰의 포도나무는 무성하게 자라 그늘을 만들고 그 아래 평상(平床)에서 오순도순 이야기를 나누었다. 아마 그 추억이 포도를 키우고 싶었는지 모른다. 회상은 푸석이는 가슴을 촉촉하게 하는 그 무엇이 있다. 그 포도나무의 그늘이 그립다.

그해 그 묘목 아저씨의 덕담은 거짓말이 되었다. 다섯 그루 포도는 모두 열매를 맺지 않았다. 꽝이었지만 그래도 좋다. 다음 해가 있을 테니.

그다음 해 부엽토를 준 덕분인지 두 그루 나무에 포도 한 송이씩 달렸다. 와! 하지만 겨우 생존의 의미만 확인하는 결과였다. 아내는 피식 웃고 만다. 조롱이다. 수치이다. 하지만 초보는 원래 그런 거야. 넉살 좋은 농부가 된다.

그다음 해 역시 한두 송이에 불과했다. 난감하다. 그마저 두 송이도 언제 낙과했는지 흔적도 없다. 아마 낙과한 샤인머스캣은 까치가 날름 먹어 치웠는지 모른다. 인간은 몇 년 농사로 한 알 먹어 보지 못했다. 기대했던 단맛은 쓴맛이 되었다. 기대와 환희는 낭패와 허탈을 낳았다.

그래도 웃어야 한다. 그 유혹의 포도를 먹어 보지 못했지만 건강하게 자라는 모습은 옛 추억을 회상하기 충분했다. 늠름하게 크는 포도나무를 내년에도 볼 수 있을 것이다.

혹, 결실을 위한 가지치기, 퇴비 주기 등은 선배 농부를 통해 차츰 배우면 기쁨도 배가 될 것이다. 지금 이 정도도 즐겁다.

달콤한 포도 대신 건강한 나무를 얻었다. 포도는 열리지 않지만 근육질 줄기와 푸른 잎이 앞마당을 지킨다. 언젠가 포도가 열리겠지. 그런 희망으로도 족하다.

* 힘 빼는 일

도시 생활은 분주하다. 사람도 바쁘고 자동차도 서두른다. 무엇인가 채우기 위해 바쁘게 움직이어야 견딜 수 있다. 아파트, 승용차, 백화점, 음식, 신분 상승과 의식주 고급화를 위한 몸부림은 치열하다.

하지만 시골은 좀 한가하고 느긋하다. 나는 새 급하지 않고, 하늘에 떠도는 구름 그저 미동(微動)이다. 머물지 않고 항상 흐르는 계곡물(流水)과 구름(遊雲), 그 자연을 보고 있으면 소유욕이 퇴색한다. 머물고 간직하는 것이 의미가 없다. 그저 흐르는 대로 살아갈 뿐이다.

무소유의 허허로운 마음은 자연의 이치를 깨우치는 공부이다.

虛心合道 (동의보감, 내경편)

이웃과 자연의 소통으로 인간 본연의 모습을 찾는다. 나눔, 베풂의 순수가 존재한다. 시골은 귀촌인이 좀 게을러도 텃세 부리지 않는다. 귀촌인 목구멍에 풀칠할 먹거리를 준다. 적당히 게으르면 더욱 귀촌이 풍요로워질 수 있다. 적당한 잡초와의 동거는 농산물 소유가 적어지지만 마음은 풍요로울 수 있다. 버려서 얻는 지혜이다.

그저 하루 먹거리 충족되고, 그저 하루 건강하면 자족이다. 욕심 분노를 버렸으니 삶의 힘이 빠진 것이다. 비웠다고 정신적 근력이 빠진 것 아니다. 무소유를 소유하여 정신은 더 단단해진다. 인생 역경의 결과물이 비우고, 버리고, 놓는 작업이다. 그런 인성을 위해 귀촌한다.

유명한 연주자의 음악을 듣는다. 바이올린, 피아노. 플루트. 연주자는 힘이 들지 않는다. 많은 연습을 통해 손과 호흡에 힘이 빠졌다. 경직되지 않고 유연한 몸과 마음에서 아름다운 음악이 나온다. 원음을 연주하기 위해 힘을 빼야 한다. 원숙은 힘을 빼는 작업이다. 힘을 빼야 아름다운 음률이 나온다.

삶의 힘을 빼는 일 또한 무소유의 신앙이고 철학이다.

시골은 그런 공간이다.

코인 재배

요즘 가상자산 블록체인(blockchain) 코인(coin) 가격이 상승과 하락을 반복하고, 투자자들은 잠을 설친다. 24시간 휴장없이 거래되는 코인은 현대인들 투자의 성지(?)가 되고 있다. 한국 코인 투자 인구가 1,000만 명이 훌쩍 넘었단다. 특히 젊은이들 코인에 대한 관심이 높다.

비트코인(bitcoin)은 2009년 '사토시 나가모토'라는 가명의 프로그래머나 집단이 개발하여 중앙은행이나 정부의 통제없이 개인들 간에 자유롭게 전송할 수 있는 '탈중앙화 디지털 자산'이다. 그 이후 이더리움 같은 알트코인(altcoin)이 개발되어 많은 기술력을 보이고 있다.

그동안 코인은 아주 생소하고, 아주 엉뚱 맞고, 아주 불안하고, 아주 큰 수익 나고, 아주 손실이 크다.

그런데 2025년 7월 미국 트럼프 정부는 스테이블 코인(달러 등 실제 자산에 연동된 가상자산)의 규제 체계를 확립하는 지니어스 법안(Genius Act)을 미국 상하원 의회를 통과하여, 이제 코인은 법적으로 경제 가치, 영역으로 인정받았다. 미국 상하원 의회에서 지니어스법 통과로 스테이블 코인이 합법적 디지털 화페로 인정 받게 되었다. 그래서 ETF, 스테이블 코인, 기관수요 확대의 모멘텀을 기반으로 하는 코인이 폭등하였다.

한국 금융위원회 역시 글로벌 규제 적합성과 관련해 스테이블 코인에 대한 규율 체계를 마련할 계획이다. 또한 디지털 원화 시대를 준비하고 있다. 조만간 지갑의 일만원권 오만원권 지폐가 사라질 것 이다.

2025년, 기업의 가상자산 투자 시대가 본격적으로 열리는 변곡점에 있다. 가상자산 코인은 투기적 상품이나 신기술의 산물이 아니다. 코인으로 통해 글로벌 그융시장과 기업의 자산 포트폴리오, 심지어 실물경제 내 자본 운용 구조까지 진입해 미래 산업의 기반이자 잔략 자산으로 자리잡아 가고 있다.

몇 년 전 많은 경제인 지식인들은 코인을 휴지로 여겼다. 하긴 지금도 코인은 불안하다며 매우 부정적인 판단을 하는 다수가 있다. 그들은 자율주행 시스템 자동차를 불안해 타지 못할지 모른다. AI의 고급 정보 혜택을 보지 못할 것 이다. 세상은 변하는데 본인은 자신의 울타리를 넘지 못하는 매우 경직된 사고로 현실을 부정하고 싶은 이단아로 살아간다. 어쩜 그런 불변, 고정의 자신을 대견해 하며 살아가고 있을 것 이다. 고집은 사회성 시대성을 부정하는 퇴행성이다.

어느 경제학자는 매우 진취적이다. 일반 착한 사람은 국내 주식 투자로 수익보다 스트레스를 받는다. 국내 주식은 매우 투자자들에게 배당은 물론 투자금의 원금 회수가 어렵다. 그래서 좀 영악한 투자자는 미국 주식 엔비디아, 테슬라, 구글 등에 투자한다. 그런데 더 미래 지향적인 투자자는 주식을 정리하고 코인에 투자한다.

비트코인이 개발되고 10년 후인 2019년 1월 비트코인 1개 가격이 350만 원이었다. 알트코인의 대표 코인인 이더리움(ethereum)은 불과 9만 원이었다.

지금 코인 가격은 그 코인의 가치이다. 실용적 쓰임새를 가격으로 매긴다. 전문가들에 의하면 앞으로 코인은 그 가치를 더하고 가격 역시 더 진화할 것 이란다.

물론 어느 투자이든 위험 부담이 있기 마련이다. 어쩌면 코인은 이제 시작인지 모른다. 그런 만큼 리스크(risk)를 내재하고 있다.

일확천금을 꿈꾸지 말자. 하지만 코인의 개발은 실생활의 변화를 가져오고 있다. 그 변화에 적응해야 한다.

텃밭 귀촌인이 웬 코인 타령인가?

대지(大地)는 코인을 품고 있다.

작은 텃밭을 상추 심고, 고추 따고, 앵두나무 심는 것으로만 보면 옹색하다. 땀 흘리며 과정과 수확을 느끼고, 휴식하며 명상의 시간을 갖는다. 그런 시골살이는 곧 자연과의 친근한 교감이고, 그 교류를 통해 새로운 생각을 구상한다. 자연 삼라만상의 이치를 공부하고 시대성의 사유를 갈구한다. 그러면 흙의 1차 산업은 4차 미래 세상을 구상할 수 있다. 종이 화폐에서 디지털 화폐를 개발하고, 실질 자산 가치(RWA)를 구현할 프로젝트를 상상하고 현실화할 수 있다.

Web2에서 Web3 시대로 진입하는 시대에 사는 현대인은 그 시대 정신에 맞는 사고와 미래를 준비해야 한다. 인공지능의 시대가 도래하고 있고, 제조업이 아닌 콘텐츠 산업의 부가가치가 높아진 시대가 되었다.

변화의 가치를 텃밭 측백나무를 스치는 바람을 통해 느껴보자. 바람이 보내는 메시지를 사유하자.

사물의 이치를 깨우치자. 자연의 법칙을 이해하자. 지혜는 미래를 설계 준비한다.

고전(古典)은 시대를 넘는 확장성이 있다. 선현(先賢)의 가치이다.

사서오경의 '대학(大學)'에 아주 귀중한 교훈이 있다. 젊은 날 가슴을 뭉클하게 한 선승에게 주어진 화두(話頭) 같은 것이다. 물론 아직 가슴에 살아있는 생명체이다.

格物 致知 誠意 正心 修身 齊家 治國 平天下

앞 4구절은 한 인간 내면의 세계라면, 후자 4구절은 가족, 정치, 사회와의 소통이다.

물론 사물의 이치를 깨우쳐 정신세계를 갈구하고 지극정성으로 그 뜻을 따르고 올바른 마음을 가진다. 그 이후 본인의 몸을 수양하고 가정을 다스리고 나라와 천하를 평정하라는 말씀이다.

격물 – 격(格) : 바로잡다 궁구(窮究)하다 법칙, 표준

물(物) : 만물, 물건, 물성

치지 – 치(致) : 보내다, 이르다, 극치

지(知) : 알(앎), 슬기, 인지.

그 옛날 전하는 교훈이지만 현재에도 울림이 크다.

몇 년 전 L기업의 대표가 직원들에게 보내는 신년인사에 '격물치지'를 인용했다. 사물을 보는 눈을 가지고 그 지혜를 통해 지극정성을 다하자는 신년인사였다. 사물을 보는 눈이 있어야 현실에 안주하지 않고 미래 산업을 준비하고 글로벌 기업으로 성장할 수 있다는 메시지이다. 대기업 총수는 이처럼 지혜로운 선현들의 교훈을 인용할 줄 알아야 한다. 인문학 있는 기업이 지속적으로 성장 발전할 수 있다.

AI 신기술은 자연을 통한 지혜의 산물이다. 미래의 지식으로 자연의 이치를 통해 실현할 수 있다. 인류는 자연을 통해 그 존재를 인정받고, 진화할 수 있다.

텃밭은 전자 4구절을 수양하는 내면의 세계를 갖는다. 소우주인 인간이 대우주인 자연을 통해 삼라만상 운행 원리를 깨우치는 공간이다. 그동안 도시의 허둥대던 시간을 접고 이제 침잠, 은둔, 여백을 통해 내면을 돌아보라는 매우 엄한 주문이다. 이런 귀한 교훈을 되새겨야 품위있는 텃밭이 된다. 귀촌의 의식 확장성이고 시대성이다. 텃밭의 가치이다.

한 10년 후, 이 글은 좀 진화된 시대성있는 내용이길 바란다.

歸郵

아는 것은 즐기는 것만 못하고

밭을 사서 무엇을 언제 심을지, 어떻게 재배할지, 어느 때 수확할지? 농학, 농업, 농사가 온통 까맣다. 전공이 아니라 덜컥 겁이 난다. 초보 농부는 허둥댄다. 꼭 필요한 일도 아닌데 사서 고생한다. 후회와 의욕이 혼란스럽다. 하지 않아도 될 일, 하지만 시도하고 싶은 작은 유혹이 넘친다.

사실 도시에서 생활하다 시골에서 밭농사 짓겠다니 초보 농부는 막막할 수밖에 없다. 어둠을 손전등 없이 헤매는 격, 망망대해를 나침반 없이 항해하는 셈이다. 땅은 생소하고 들녘은 겁난다.

옆 밭에서 고추 모를 심으면 서둘러 농원으로 달려가고, 뒷집에서 토란을 캐면 삽 들고 밭으로 달려간다. 봄철 앞집에서 트랙터로 밭을 갈면 가난한 농부는 맥없이 괭이로 맨땅을 판다.

24절기(節氣)는 농사 일지 목록이다. 4월초 청명(淸明)에 상추 부추씨앗 파종하고, 5월초 입하(立夏)에 고추모 심고, 8월 처서(處暑)에 무씨 뿌리고, 10월 상강(霜降)에 마늘을 심는다.

동네 사람들은 농업인으로 조합에 등재되어 겨울에 신청한 퇴비를 사람 키보다 높게 비축하는데 초보는 눈만 끔벅인다. 정부에서 농업인에게 주는 세금혜택으로 싼값에 퇴비를 산다는 귀중한 정보를 한참 후에 안다. '국립농산물품질관리원'에 농업경영체 등록하고 자격 조건이 충족되면 농업인으로 등재되어 각종 혜택을 볼 수 있다. 작은 텃밭 생활도 농학, 농업, 농산물, 농업인 등으로 살아가는 데 필요한 지식이 있어야 한다. 농산물의 식량을 준비하지 못한 초보 농부는 왠지 모를 이방인이다.

동네 어르신들은 가을 채소를 수확하고 마늘이랑 양파를 X 지지대 세우고 비닐을 덮어 동면을 준비하는데 마늘 종자조차 어디서 구할지 모르는 농사꾼은 구경꾼이 되고 만다. 경험 없는 초보 농부의 마음은 허전하고 괜히 분주하다.

지지대를 하지 않아 키 큰 고추들이 바람의 무게를 이기지 못하고 땅에 누워 버린 사건은 동네 사람들에게 유쾌한 웃음을 선사했다. 뿌리에 비해 몸이 큰 고추는 바람에 쉽게 쓰러져 노끈과 지지대로 고정해야 하는데 초보는 허둥댄다. 초보는 방제 시기를 놓쳐 탄저병으로 고추가 물러 터지고 갈색으로 변해 풋고추 몇 개로 만족했던 경험은 수모를 넘어 잔인했다.

그래도 초보 농부는 씩씩하게 웃어야 한다. 초등학교 1, 2학년이 수학 미분 적분을 풀 수 없는 노릇 아닌가? 초보는 시행착오, 실수, 실패를 긍정하고 인정하는 여유가 있어야 한다. 고된 초보 시절이 지나면 시골이 좋아지리라 믿음이 있다. 희망이 없는 시골살이 힘들다.

초보는 농사일을 모르니 무식하다. 상식이 없는 무식을 인정해야 한다. '누구는 엄마 뱃속에서부터 알고 나왔어' 그렇지. 그런 배짱이 있어야 텃밭 생활이 재미있다. 무식은 용감을 낳는다. 기죽지 말고 조금씩 농사, 농업, 자연을 아는 재미를 느낄 수 있다. 가능성, 매우 희망적인 시간이 기다리고 있다. 발전할 여지가 있으니 성장이다.

텃밭은 의지가 있어야 그 가치를 더한다. 친환경 채소 과일을 꿈꾼다. 화학 농약과 비료를 버리는 당찬 도전이 있어야 친환경(저농약, 무농약, 유기농) 농산물을 재배, 수확할 수 있다. 초보의 친환경 농산물은 거의 못난이이다. 무를 재배하면 작고, 뒤틀어지고 검게 착색되어 나온다. 상품 가치가 떨어진 무이다. 하지만 유기농 농산물은 못생겼지만 속이 깊다. 팔 것 아니니 괜찮다. 맛있고 마음 편하니 더 이상 바람이 없다. 전문 농업인은 쭉쭉 빵빵 유기농 농산물을 생산하지만 초보 귀촌인은 걸음마 단계이다. 언젠가 뜀박질하겠지만 안되어도 괜찮다. 초보는 서툰 유기농일 뿐이다.

초보는 초보로 존재할 때 아름답다. 적고 작아서 소중하다.

바다는 작은 물줄기를 마다하지 않아 그 깊이를 더하고, 태산은 작은 흙을 사양하지 않아 그렇게 커질 수 있다. 초보는 작은 농부이다. 작은 것으로 큰 것을 이룬다. 이소성대(以小成大). 말은 잘한다. 입이 발달되었다. 기죽는 것은 초보의 의지가 아니다.

실패도 즐길 줄 알아야 한다. 실패는 성공의 어머니. 어머니를 만나는 일이다.

말이 안 되는 말을 터득할 수 있는 힘은 텃밭, 자연이 있기 때문이다. 회색 도시에서 '말이 안 되는 말'은 그저 완전 부정이다. 부정을 인정하려면 상실감과 자괴감만 남는다. 하지만 자연 속에 살면 속이 깊어지고 생각이 넓어진다. 여유롭다. 넉넉하다. 숲속에서 흙 만지며 지내는 귀촌은 사물을 보는 눈이 발달하는지 모른다. 옹색하지 않은 어른이 되어가는 일이다.

농사 실패도 텃밭 생활의 일부이다. 그래서 실패를 즐길 줄 알아야 참 농사꾼이 된다. 어차피 큰 수익내기 위해 시골로 온 것 아니니 이제 슬슬 자연을 즐길 줄 아는 요령을 터득하자. 실패 실수는 초보 농부의 자화상이다. 오히려 초보 농부에게 다수확, 고소득이 실수이다.

농사일, 경작방법 좀 안다고 우쭐하지 마라. 지식은 지혜를 터득하는 아주 소소한 요건에 불과하다. 작은 지식에 매이면 귀촌의 확장성이 없다. 즐기는 자, 그대가 참 농사꾼, 큰 농업인, 대 자연인이다.

아는 사람은 그것을 좋아하는 사람만 못하고,

그것을 좋아하는 사람은 그것을 즐기는 사람만 못하다.

知之者不如好之者, 好之者不如樂之者 (孔子)

어느 진화생물학자는 신까지 버리며 자신의 인생을 즐기라는 당찬 주문을 한다.

아마도 신은 없을 것이다. 걱정하지 말고 인생을 즐겨라

There' s probably no God.

Now stop worrying, and enjoy your life (Richard Dawkins)

가족은 마음의 텃밭

도시인에게 텃밭은 새로운 경험, 시도, 도전, 의욕 등 이다. 시멘트와 철의 도시를 떠나 흙과 숲을 찾는다. 새로운 환경은 새로운 경험을 제공하고 가슴에 신선한 바람이 찾아온다. 생각, 의욕을 실천할 수 있는 공간으로 새 삶이다. 새로운 친구, 시간, 공간, 사물, 경험을 접하는 적당한 긴장은 열정과 젊음이다.

텃밭을 샀다니 주위에서 농산물을 추천한다.

특히 손주 있는 귀촌인은 좀 색다른 농산물을 준비하면 좋다. 꼬마들 봄이면 체험 농장 사전 예약하여 자연 공부하러 시골로 간다. 할아버지 할머니 텃밭이 있으면 체험 학습을 참가비 내지 않고 즐길 수 있다. 딸기, 감자, 고구마, 땅콩 등을 심으면 손주들이 체험 학습하고 신나는 시간을 보낼 수 있다. 할아버지 할머니 텃밭에서 주인이 되어 딸기를 따고 고구마를 캘 수 있다.

할아버지, 엄마 아빠, 꼬마랑 삼대(三代)가 텃밭에서 흙과 어울려 지낼 수 있다. 땅에서 혈육의 정을 나눌 수 있다. 같이 울퉁불퉁 고구마를 캐 솥단지에 쪄 먹고, 방울토마토를 따 지하수에 씻어 희덕거리며 먹는다. 감자 한 소쿠리 캐면 마음이 풍요롭다. 신선한 공기와 맑은 하늘 아래 가족의 정신은 또한 자연을 닮는다. 트인 자연에서 마음을 열고 교감한다. 가족의 의미, 자연의 학습을 이루는 매우 풍요로운 시간이다.

어린 손주들 정서 교육에 이만한 것이 없다. 가족들 우애 다지는 공간으로 족하다. 겨우 아파트 놀이터가 전부인 꼬마들에게 들, 숲, 텃밭은 신천지이다. 티격태격 사소한 다툼이 없고 새록새록 깊은 정을 나눈다. 2세, 3세의 마음이 따뜻해지는 텃밭이니 가정 교육 제대로 이루어진다. 어린 시절 할아버지 할머니랑 엄마 아빠랑 놀던 텃밭은 잊을 수 없다. 성장하면 그 텃밭 이어받아 지낼 것이다. 후손들의 미래 텃밭을 미리 마련한 것이다. 텃밭은 후손을 순하고 착하게 성장시키니 대를 잇는 품위 있는 공간이다. 자연을 통해 가족, 가정의 중요성을 느낀다. 인성 교육의 현장이다.

또 농막 이동식 작은 주택에 2층 다락방을 추천한다. 성인이 키를 낮추고 올라가는 다락방은 어린이 공간이다. 오르내리는 계단의 그 좁은 공간은 손주들 꿈을 키운다. 낮고 작아서 어린이들 세상이다.

중학생 고등학생, 공부할 세대의 자녀 역시 텃밭은 쉼터 성장터이다. 1개월에 한 번 정도 두어 시간 텃밭에서 땀 흘리면 공부의 활력소가 된다. 책상과 컴퓨터의 생활에서 흙 밟는 시간은 매우 적극적으로 의욕을 상승시킨다. 공부의 억압에서 벗어난 뇌는 맑고 심장은 평온하다. 텃밭 생활 2~3시간은 정신, 육체 체험 현장이다.

언젠가 지리산 종주 산행을 하는데 수험생과 그의 아버지를 만났다. 아버지와 아들은 무거운 배낭을 메고 2박 3일 종주 산행이었다. 여름, 그 무더위와 거친 산길을 걷고 있었다. 아마 산행을 마치면 며칠 몸살 날 힘든 여정이다. 수험생에게 8월은 수능 시험 준비할 긴박한 시기였다. 수험생의 몸과 마음을 다 잡으려고 지리산 종주 산행한다는 그 부자는 분명 좋은 성적을 얻었을 것이다. 공부하지 못한 3일간은 정신적 충전이 되어 더 많은 성과를 냈을 것이다. 조급하지 않고 여유 있는 마음은 더 나은 결과를 나타낸다.

공부, 성적은 경쟁이다. 친구들과의 다툼에서 벗어나 잠시 시원한 바람 맞으며 녹색 숲을 본다. 맥없이 게임 할 시간 고추 호박 따고, 거친 풀 제초하는 시간이 인성과 성적을 올린다. 어린이 청소년들 운동화 벗고 거친 흙을 밟아 보면 생각과 얼굴이 달라진다.

지금 본인이 처한 시간과 공간이 최상이다. 과거를 통한 현재, 미래를 향한 현재이다. 항상 감사한 마음은 겸손한 마음으로 승화된다. 지고지순한 마음 작용이다. 본디 심성을 찾는 발심이다.

가족을 중하게 여기고, 텃밭의 가치에 충실하고, 초보 농부 나잇값 하는 지금 그곳이 본디 시공(時空)이다. 작은 텃밭은 후손들에게 물려 줄 값진 정신적 유산이다.

가족이 동행한 귀촌은 완성도 높다. 그 그림은 가히 명화(名畵)이다.

오도이촌(五都二村), 5일은 도시에서 2일은 시골에서 생활한다. 5일간 도시의 가족생활 충실해야 짧은 시골 텃밭 역시 인정받고 평안하다. 가족이 없는 나 홀로의 귀촌은 허전하다.

가족은 마음의 텃밭이다. 도시의 가족은 시골 텃밭보다 우선한다.

큰 텃밭

* 외로운 귀촌인

젊었을 때 갈증은 역시 시원한 냉수가 좋았는데, 앞이마 모발이 서서히 사라지고 흰머리가 차츰 많아지면 따뜻한 물을 찾는다. 온수가 입안의 갈증을 푼다. 몸 안의 뜨거운 기운이 차츰 식어, 열정이 시들해지고 의욕이 쪼그라들고 생성이 소멸로 접어든다. 이쯤 되면 삶의 정상에서 서서히 하산길에 접어든 것을 인식해야 한다. 대개 언제 인생의 정상을 찍었는지 모르고, 하산인 줄 모르고 지낸다. 특히 직장 직업에서 자신의 역할이 줄어들면 하산이 확실한 징표이다.

서서히 하산하고 싶다.

하산길의 바람은 왠지 차갑다. 그래도 부부는 위로 위안이 된다.

하산길에 마련한 귀촌 텃밭은 큰 바람막이이다.

그래서 남편은 조용히 목소리를 깐다. 가까운데 텃밭을 마련하여 같이 즐기자고 오랜만에 고개 숙인다. 그런데 사모님들은 대개 손사래 친다. 남자들 젊을 때 직장과 친구와 음주에 충성하더니 이제 같이 지내잔다. 괘씸죄에 해당된다.

퇴직 전후 남자들의 좀 정열적인 선택이 귀촌이다. 도시의 집은 아내가 지키고 자신은 며칠 시골에서 밭농사로 시간을 보내고 싶은 욕망이 작용한다. 그동안 지친 직장 생활을 보상받고 싶은 심리가 있는지 탈도시를 원한다. 나이 들어 스트레스 받지 않고 시골에서 여유롭게 지내고 싶은 욕망이다.

요즘 중년 이후 부인들은 아파트, 백화점, 베이커리 카페를 선호한다. 벌레 많은 시골에서 거친 땅을 파고 땀 흘리는 노동은 재수 없다. 그래서 빈둥거릴 남편이 시골에서 텃밭 가꾼다니 마지못해 묵인한다. 어쩌면 3식(食)이 아저씨의 가출이니 환영할 만한 일이다. 사모님은 텃밭으로 향하는 남편을 보내고 콧노래를 부를지 모른다.

배우자, 동반자, 부부, 동심 일체. 영혼 그 매우 귀한 표현은 결혼 몇 년 후에 유효기간이 지나고 만다. 중년 이후 부부의 동거는 필요의 악인지 모른다. 같이 있으면 편하고 떨어져 있으면 더 편한 관계인지 모른다.

보리밭이 위치한 둔전마을에 귀촌인 몇 가구 있다. 거의 집안 천덕꾸러기 남자들로 주말에 열심히 맥없이 땅 판다. 귀촌은 홀아비들의 터전이기 십상이다. 어쩌면 화려한 싱글이라 자위하고 자족한다.

둔전마을 한 가구는 부부가 같이 텃밭 가꾸는데 항상 부인의 입이 한치 나와 있다. 만만하지 않다. 분위기 있는 카페에서 우아하게 커피 마실 시간에 시골 땡볕에서 풀을 뽑으니 곤혹스럽다. 여름 그늘에 쉬고 있으면 모기들이 환장하고 달려드니 사모님들 환장할 노릇이다. 미백의 얼굴, 고운 피부는 시골과 어울리지 않는다.

주말에 부부가 손잡고 예배당이나 절을 찾는 일이나 부부가 같이 귀촌 텃밭에서 오손도손 채소 키우는 일이 비슷하다. 고난도 일정이 비슷하다.

부부가 같이 동고동락하는 귀촌 귀농은 대개 한쪽의 건강 때문이다. 병원으로부터 받은 시한부 인생, 얼마 남지 않은 삶을 극복하려고 부부의 의지가 합해진다. 이별 앞에 부부의 희미해지는 사랑은 다시 점화된다.

허(虛)하다. 그저 혼자라도 작은 딴 살림 차리자. 그리고 홀로

서기, 좀 당차게 실천할 수밖에 없다. 하지만 텃밭의 문은 항상 열어 놓는다. 부부가 동행해야 완성도 높은 텃밭이 된다.

* 시골은 음악과 회화가 넘친다

도시인이 시골로 귀촌 귀농하면 제일 먼저 하는 일이 있다. 매입한 땅을 측량하고 철제 펜스를 설치한다. 귀촌인은 대개 휴식 공간이 컨테이너나 이동식주택 6평이 고작인데, 경계에 1m 이상 높이 울타리치고 철제 대문을 만들고 외부인 출입을 통제한다. 그 농막 안에 귀금속이 있는지 감시 카메라까지 설치한다. 고급주택의 방범 담을 연상하게 한다. 소유욕이 자연보다 우선한다.

물론 시골 밭에도 경계, 차단의 시설이 필요하다. 동물의 침입을 막기 위해 고라니 망을 설치해야 한다. 고라니는 농산물의 새순을 따먹는다. 멧돼지에게 고구마, 감자, 옥수수는 고급음식이다. 멧돼지 가족은 어두운 밤 마을로 내려와 맛있는 고구마랑 감자랑 호박이랑 뷔페 식사를 즐기고 숲으로 유유히 사라진다. 시골 농부의 한숨 소리 커진다.

어쩌면 산간 마을 동물들과 같이 살자며 허탈하게 웃을 수 있다. 농사지어 주위 동물들에게 보시했다며 인심 쓸 수 있다.

벅차다. 어느 농부는 이른 봄 한 구덩이에 씨앗 3개를 파종한다. 하나는 새의 모이로, 하나는 땅벌레의 양식으로, 그리고 마지막 한 톨은 사람의 몫이란다. 참으로 넉넉하다.

아직 필자는 그런 경지(?)에 이르지 못해 어리둥절하다. 그저 내 씨앗을 먹는 새는 경계 증오의 대상이다. 잡초를 제초하고 가뭄에 관수하여 키운 고구마를 멧돼지가 몽땅 캐 먹으면 그 녀석 잡아 그 책임을 묻고 싶다. 올가미로 잡아 두 다리 칭칭 매는 상상을 한다. 고라니의 피해는 작은데 멧돼지는 치명적이다. 미리 철망 등으로 그들과 경계해야 농산물과 농부의 가슴이 다치지 않는다.

그저 동물들 텃밭에 들어오지 못하게 고라니망을 설치하면 된다. 고작 100m 고라니망이 2만 원에 불과하다. 200m이면 4만 원이다. 이 정도면 족하다. 고라니와의 대치, 서로 예의를 지키는 것이다.

시골 밭의 철제 펜스 울타리는 볼썽사납다. 흙, 나무와 금속 철제는 어울리지 않는다. 펜스 치고 주위 자연까지 차단하는 우를 범하지 말자. 자신과 자연과의 차단이다. 울타리 없는 시골은 모두 우리 소유이다. 도시인의 옹색함을 버리고 시골 자연의 넉넉함을 즐기자.

가끔 텃밭 주위에 음악 소리 들린다. 저 옆집에서 외부 스피커 설치하여 음악을 들려준다. 본인이 좋아하는 음악 이어폰으로 본인만의 자유를 즐기면 좋을 텐데. 참으로 이해하기 어려운 사건이 많다. 어떤 집은 이동식 주택에 노래방 시설을 설치하여, 음주 가무를 즐긴다. 대단한 사람들 많다. 노래방을 도시에서 즐기면 좋을 텐데 아쉽다. 귀촌 자격이 없다.

시골에서 새소리 물소리 바람 소리 들으며 오감을 풍요롭게 하고 정서를 함양하는 것이 풍류며 품격이다.

시골은 회화와 음악이 차고 넘친다, 눈 뜨고 귀 기울여 마음의 문을 열어보자. 완성도 높은 음악이 들린다. 숲과 들은 대형 캔버스이다. 4계(季)가 담겨있다. 자연이 녹아 있다.

시골의 밤은 불 없이 하루의 고단함을 푼다. 시골집 외등, 가로등 밤새 켜놓으면 산새랑 산짐승들 잠자리 불편하다. 어쩌면 그들의 공간을 인간이 침범한 것이니 그들의 쉼터를 소란스럽게 하지 말자. 밤은 휴식과 명상의 시간이다. 시골의 밤은 품격이 있다. 시골의 밤은 도시처럼 밝지 않고 그저 어둠뿐이다. 과묵하여, 그래서 귀하고 소중하다. **어둠은 생명을 품고 있다.**

* 절제된 교류

귀촌, 귀농은 모든 사물과 환경이 낯설다. 아스팔트 콘크리트에서 흙으로 변하고, 사람들은 지인이 아니고 타인이다. 바람과 햇살도 다르다.

탁한 기운에서 맑은 기운으로 변하니 잘 적응해야 한다. 아무리 맑은 공기라고 제 세상이라고 큰소리치면 성대결절로 목이 잠긴다. 기뻐 날뛰면 척추 압박골절로 생고생한다. 지나친 기쁨 환희도 정서를 손상한다.

알량한 돈 자랑질 말고, 고급 승용차, 자식, 하찮은 지식 늘어놓으면 정말 진상이다.

텃밭 가꾸러 시골로 갔으니 작은 농부가 되어야 한다. 기존 마을 주민들과 마음 열고 지내야 진정 귀촌이다. 가끔 주민들과 쑥차 국화차 마시고, 하룻밤 지내며 막걸리도 마시고, 농산물 나눠 먹고 인간의 정을 느껴야 귀촌은 그 가치를 다한다.

하지만 자신의 시간과 정열이 간섭받지 않아야 한다. 마을 사람과 너무 자주 어울리면 귀촌의 의미가 퇴색된다. 절제된 교류는 필수이다.

간혹 일찍 터 잡은 원주민들의 이방인에 대한 거부감은 당연하다. 토착민의 괜한 트집뿐만 아니라 도시에서 귀촌한 신출내기 역시 텃세 부린다. 기존 농업인이든 새로 들어온 귀촌인이든 사람과의 갈등이 발생한다. 외부인에 대한 거부감을 넘어 혐오의 대상으로 여겨 심한 말다툼뿐만 아니라 민원 고소 고발의 행정 소송까지 발생한다.

주민 간 이런 사소한 텃세 갈등 등을 경험하고, 몇 가구 안 되는 시골 마을인데 그리 편하지 않다. 물론 대화가 안 되니 서로 갈등이 지속된다. 서로 주장이 옳으니 서로 화해하지 못한다. 무한 경쟁, 배려 없는 생활, 본인 중심적 몰상식, 배타적 이기심의 도시 귀촌인의 텃세는 정말 무섭다. 경계 대상으로 지혜가 필요하다.

시골에서 무서운 것은 맹독성의 뱀, 말벌, 그리고 사나운 멧돼지뿐만 아니다.

할 수 없다. 더 시간을 두고 묵언의 시간을 보내야 한다. 내 탓이요 내 탓이요 하며 기도해야 한다. 현생의 업보라 여기고 격한 마음을 다스려야 한다.

바람 소리 들으며 한 귀로 듣고 한 귀로 흘려보내야 나름 귀촌인이 될 수 있다.

시골에 텃세만 있는 것이 아니다. 몇 사람의 악한 언행을 빼면 모두 가까운 이웃으로 지낸다. 주말에만 만나도 서로 반갑고 애틋하다. 재배한 농산물을 나누어 먹는 인심이 있다. 인정은 귀촌 생활의 완성도를 높인다.

오동나무 집에서 감자 한 바구니 주셨다. 물론 작년 가을 초보 농부가 생강 한 봉지 준 보답으로 여기지만, 아무튼 그 집에서 전해주는 대파랑 여름 배추는 농산물의 풍요를 넘어 깊은 인심이다. 마을 주민들로부터 농산물을 받지 못한 귀촌인은 어쩌면 텃밭 생활의 실패인지 모른다. 본인이 베풀지 않으면 상대 또한 모르는 체한다. 상대를 존중해야 자신 또한 존경받는다.

네팔 트레킹 여행을 하면 산간 마을 주민들이 합장하며 '나마스테' 인사를 한다. '나의 신이 당신의 신께 정중히 인사합니다' 나마스테는 그들에게 신앙이며 생활이다. 초보 귀촌인은 주민들과 나마스테 인사하며 차츰 적응해야 한다.

항상 낮은 자세로 이웃과 **작은 인심 나누며 큰 텃밭을 일군다**.

(하긴 초보 농부인 필자도 여러모로 충고할 입장은 아니다)

텃밭의 동행은 사람과 자연이다.

도전과 응전

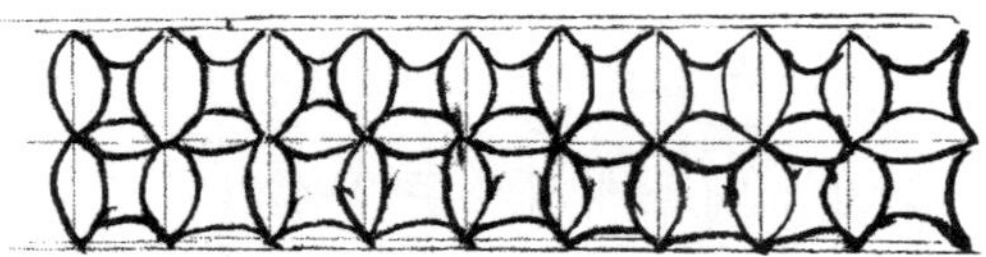

400평 밭에 6평 이동식 주택 농막을 갖춘 생초보 농부가 되었다. 오래전부터 계획 소망했던 텃밭 귀촌을 이루어 삶의 변화와 풍요가 찾아왔다. 회색 도시 남자의 용감한 변신이다. 전업 농사꾼은 아니고 주로 토요일과 일요일에 들르니 주말 농부인 셈이다. 이동식 뒤편에 작은 농기구 보관 창고를 만들고, 옆에 4평 크기의 텐트를 세우고 그 안에 식탁도 놓았다. 상추 뜯어 고기 굽고 막걸리 마실 상상을 하며 설치했다. 사방이 트인 자연 속 거처이다. 저만치 산 능선을 보면서 차 마시고 쉴 공간이다.

물 없는 텃밭은 사막과 진배없다. 식수, 생활용수, 농업용수는 전기와 함께 귀촌의 기본 시설이다. 지하 80m를 파는 대공(大孔)은

천만 원 가까운 경비이니 포기하고 20m 소공(小孔)을 신청했다. 주위에 오염 시설이 없어 대장균 기타 세균이 검출되지 않아 식수 사용도 가능하다. 지하수는 여름에 시원하고 겨울에 차갑지 않아 생명수이다. 물론 지하수는 가뭄에 스프링클러로 물을 분사하여 사막의 오아시스이다.

텃밭 정리 작업할 때 굴착기로 큰 웅덩이를 파 콘크리트 둥근 맨홀을 넣고 그 안에 지하의 상수관과 펌프를 연결해 전기 코드를 설치한다. 그리고 맨홀을 둥근 철제 뚜껑으로 덮으면 근사한 상수도 시설이 된다.

그런데 초보 농부는 계절의 변화에 익숙하지 않다. 할 수 없이 발생하는 사건 사고는 필연인지 모른다. 계절의 변화에 적응하지 못하는 도시 남자는 시골의 이방인이다. 자연이 주는 착한 텃세를 배우고 익혀야 한다. 도시의 옷을 벗고 차츰 숲으로 들어가 자연과 친해지는 과정이다.

터졌다. 여름 장마. 식수까지 공급했던 펌프가 작동을 멈췄다. 7월 장맛비로 지상 지하에 물이 넘친다. 며칠 내린 폭우 때문에 맨홀 바닥 지하에서 올라온 물로 모터가 침수되고 말았다. 펌프가 물속에서 수영 중이다. 수도꼭지를 튼다. 씩- 소리만 나고 작동되지 않는다. 아! 작은 탄식에 가슴이 아리다. 펌프 고장이다. 고정 나사를 풀고 펌프를 들어냈다. 이 과정 역시 만만하지 않다. 좁은 맨홀 안에서 볼트 너트 해체하는 과정이 쉽지 않다. 평소 공구 사용이 익숙하지 않은 도시인이 기계를 다루는 일 매우 불편하다. 평소 가정에서 형광등 교체조차 어색한 도시 남자에게 시골살이 모두 생경하다. 끙끙댄다. 진땀 난다. 잠시 후회한다.

그 어려운 분리작업 마치고 수리점을 찾았다. 새것으로 교체는 30만 원, 수리비는 6만 원. 물론 후자를 택했다. 맨홀 바닥을 통해 물이 차오를 줄 몰랐다. 지상의 물이 맨홀로 들어가지 않으면 펌프는 안전할지 알았다. 무식과 무지의 정점이다.

사후약방문. 다음 장맛비에 대비해야 한다. 맨홀 바닥에 '수중 펌프'를 설치하고 전원을 연결했다. 맨홀 안에 물이 차면 수중 모터가 작동한단다. 어느 정도 물이 올라오면 모터가 작동하여 물을 외부로 퍼낸다.

며칠 후 장맛비가 내리고 텃밭을 찾았다. 적중! 펌프는 정상 작동하여 시원한 지하수 물을 퍼냈다. 수중 펌프가 없었으면 펌프 모터는 물속에 잠겼을 것이다. 착한 수중 펌프는 농장주의 지시 부탁대로 몇 차례 물을 퍼냈을 것이다. 앗싸! 성공이다.

그래. 초보 농부는 시골 생활 이렇게 배운다. 경험은 안락 평온을 가져온다. 이 정도 시행착오는 각오해야 한다. 서서히 농촌 생활 적응하는 것이다. 값진 경험은 초보의 어깨 근육을 단단하게 한다. 긍정은 귀촌인을 춤추게 한다. 모터 펌프, 수중 펌프 완전 정복.

춥다. 농사일이 끝난 보리밭에 초보 농부는 할 일이 없다. 꽁꽁 언 땅, 눈 쌓인 밭, 생물은 없고 추위와 거친 바람 가득하다. 고추, 생강, 파의 빈 땅은 허허롭다. 눈에 덮인 대지는 침잠이고, 그 시간은 또 다른 성장, 성숙, 변화를 간직한다. 은둔이 있어 더 울림이 크다. 간직은 드러내지 않을 뿐 큰 생명을 파종한다. 보이지 않는다고 존재하지 않는 것은 아니다. 언젠가 발생하기 위해 잠시 숨어 있을 뿐이다. **쉼도 일이고 음(陰)의 가치이다.**

그래서 겨울 귀촌인의 손은 한가한데 가슴은 설렌다. 어쩌면 제일 뜨거운 시간을 보내는지 모른다.

그런데 또 할 일이 생겼다. 맨홀 안의 지하수가 꽁꽁 얼었다. 언 수도꼭지는 뜨거운 물로 해동했는데 펌프가 작동되지 않는다. 지하수 펌프가 동파되고 말았다. 깊게 땅을 파 맨홀을 설치하고 두꺼운 철판 덮개를 덮어 동파는 예상하지 못했다. 서울 영하 10도이면 텃밭은 영하 15도 족히 넘는다. 펌프 안의 물이 얼고 팽창하면서 이음새가 깨지고 말았다. 모터는 힘쓰지 못하고 지하에서 물을 올리지 못한다. 마치 천식 환자처럼 칙칙 소리를 내며 헐떡거린다. 또 고정 나사를 풀고 수리점을 찾았다. 장마의 침수, 겨울의 동파는 잔인한 도전이다. 초보 농부의 모터 펌프 완전 정복은 완전 낭패가 되었다. 선배들의 조언에 의하면 겨울에는 모터 펌프와 상수도의 물을 빼어야 한단다.

모터 펌프 보기도 싫다. 도시에서 일어나지 않을 일들이 시골에서는 차고 넘친다. 조금 생각이 깊으면 일어나지 않을 사건들이니 더욱 곤혹스럽다. 사소한 사건이지만 꼭 해결해야 할 일이다. 초보 농부의 머리가 어수선하다. 자연인이 되는 과정 험하고 힘들다. 귀촌인의 맷집이 생기는 착한 시련이라 여기자.

여름, 겨울 2차례 지하수로 불편을 겪었다. 도시에서 물은 아파트 관리비의 수도요금으로 간단히 끝난다. 도시인에게 모터 펌프, 침수, 동파는 생경하다. 편리함보다 불편함이 많은 시골은 또 하나의 성장통이다. 산전수전 겪는 농부는 차츰 성숙해진다. **시골 텃밭에 긍정을 파종한다.**

시골 생활은 도전과 응전의 연속이다. 폭우로 인한 수해(水害), 가뭄으로 인한 한해(旱害), 추위로 인한 냉해(冷害). 자연재해의 예방과 수습을 통해 좀 더 단단해진다. 인간의 진화는 도시보다 시골이 적합하다. 자연에 적응하는 과정은 자연을 닮아가는 과정이다. 서두르지 말고 짜증 내지 말고 착한 마음으로 극복해야 한다. 귀촌인 자연인 그냥 되는 것 아니리라.

아스팔트와 콘크리트로 도시를 덮어버렸다. 시골은 흙의 공간, 잡초들 세상이다.

텃밭을 샀다니 그 '풀과의 전쟁'을 어찌할 거냐며 걱정을 해준다. 잡초가 농작물에 도전하니 이에 응전해야 한다. 검은 비닐 덮기로 아예 잡초의 생성을 사전 차단하거나, 제초제로 뿌리를 고사시켜야 한다. 아니면 농업인 손수 호미로 그 억센 잡초를 뽑아야 한다. 잡초는 장마철에 더욱 기승을 부린다. 삼복더위, 햇살, 장마는 잡초에게 잔칫날이다. 광합성 작용이 왕성한 잡초는 폭풍 성장을 한다. 영상 30도 넘는 밭에서 잡초 제거 작업은 고행이다. 작열하는 태양 아래 흘리는 땀을 참고 또 참아야 한다. 시련, 넘어야 할 언덕이고 산이다.

7, 8월 텃밭에 잡초 천지이다. 잡초를 걷잡을 수 없으면 제초기를 동원한다. 윙 윙. 거친 기계음 속에 예리한 칼날이 잡초의 몸을 벤다. 무릎까지 올라온 풀이 몸져눕는다. 뿌리는 그냥 살아있으니 근본 제거는 아니지만, 숨통이 트인다. 짧은 노력으로 많은 잡초를 제거할 수 있으니 1년에 몇 차례 기계 도움을 받는다. 잡초의 생명은 붙어 있으니 서로 반반 양보한 셈이다. 적과 동침이고 불가항력 공존이다.

잡초랑 고추가 같이 살면 어떨지? 잡초밭에 무 배추를 심으면 재배할 수 있을지? 잡초랑 호박이랑 같이 어울릴지?

잡초와의 공생을 생각해 본다. 잡초로 인한 농작물의 영양분 공급의 문제뿐만 아니라, 잡초로 인한 농산물의 광합성 작용이 지장 받는다. 영양 공급, 비료와 퇴비 공급의 어려움이 있지만, 잡초와의 공존으로 유익한 부분도 있다. 잡초에 기생하는 해충이 농산물의 해충을 잡아먹는 먹이사슬이 형성되면 유기농법이 가능하다. 수분 유지에 도움이 되어 가뭄과 폭염을 극복할 수 있다. 골칫덩어리 잡초가 농산물과 어울려 친환경 채소를 공급할 수 있다. 특히 농작물보다 키 작은 잡초는 공생이 가능할 수 있다. 물론 작물의 생산량이 감소하지만, 맛과 영양이 뛰어나고 농약 등의 폐해를 막을 수 있다. 양보다 질의 생산이 현대 사회가 요구하는 농법이다. 잡초를 쓸모없는 풀로만 보지 말자. 의식의 전환이다.

잡초의 농작물에 대한 도전을 슬기롭게 대처하는 응전을 고민해야 한다. 풀밭에 무씨 뿌리고, 고추모 심는 농부. 미쳤다고 보는 사람들이 미쳤는지 모른다. 사고의 전환은 텃밭 농부의 귀하고 당찬 몸부림이다.

가을걷이 마치면 겨울 채비를 해야 한다. 그런데 초보 농부는 항상 안절부절못한다. 경험 부족은 근심 걱정이 많을 뿐 대처가 느리다. 걸음마 배우는 유아들 자주 넘어지면서 성장한다. 하지만 그 꼬마 외롭고 힘들다.

향긋한 들깻잎을 따 먹었으니 가을에 건조와 타작을 한다. 농약 하지 않은 들깨를 보관하여 살짝 볶아 양념으로 사용하는데 그 고소함을 상상한다. 넉넉하게 수확하면 콩과 들깨로 강정을 만들어 겨우내 간식으로 먹을 요량이다. 따뜻한 아랫목에서 따뜻한 국화차 마시며 깨강정을 먹는 여유를 상상한다. 호사이다. 힘들기만 하면 누가 땅 파고 땀 흘리겠는가? 도전에 잘 대처하면 좋은 시간이 온다.

토란은 좀 습한 곳에서 잘 자란다는 동네 어르신들의 고급(?) 정보에 산 밑의 작은 밭에 애기 토란을 심었다. 산에서 내려오는 물로 항상 촉촉하게 젖은 땅이니 토란밭으로 적합하다. 밑거름 웃거름 주지 않아도 햇빛과 습기만 있으면 성장한다. 농부의 손길 없이 잘 자라는 토란이니 초보는 겁 없다.

가을이 깊어지면 저 앞산에 단풍들고 나뭇잎이 우수수 떨어지면 토란대도 누렇게 변하기 시작하고 힘없이 쓰러지려고 한다. 이때 낫으로 토란대를 자른다. 첫서리 내리기 전쯤이다. 농부는 서리가 내리면 농작물 서둘러 수확해야 한다며 바쁜 시간을 보낸다. 24절기 중 상강(霜降)은 농부의 일 년 농사를 마무리하는 시기이다. 굵게 자란 토란대는 1주일쯤 말려 껍질을 벗기고 건조과정을 거쳐 보관한다. 육개장의 주재료인 토란대이다. 육개장 팔팔 끓여 가족 친구들과 나누어 먹는다. 상상은 육체적 노력 없이 즐길 수 있는 초보만의 꼼수이다.

토란대를 베고 2~3주 지나 땅속의 토란을 캔다. 잎과 토란대 없는 상태에서 토란은 큰다. 밤톨만 한 토란이 작은 달걀만 하게 큰다. 오지다. 수확의 기쁨을 만끽한다. 껍질을 벗겨 몇 시간 물에 담가 아린 맛을 제거하고 요리한다. 보리밭에서 수확한 들깻가루를 풀어 고소한 토란 탕을 끓인다. 아내는 오랜만에 별미 먹었다며 처음으로 텃밭을 칭송(?)한다. 그렇지. 내 텃밭 구상과 실천은 우리 가족의 촉매제이자 활력소이다. 그렇게 초보 농부는 단단해지고 텃밭은 모양을 갖추어 간다. 순항이다.

그리고 몇 주 후 아내는 토란국을 해 먹자고 한다. 그 고소한 국물과 말랑한 토란의 식감을 잊지 못하겠지.

"보리밭 창고에서 토란 가져올게."

텃밭 있는 둔전마을은 산속이다. 보리밭은 산을 등지고 저 먼 앞산을 굽어보고 있다. 창고는 농막 뒤편에 위치한다. 굵은 철망으로 펜스치고 자물쇠를 잠갔다. 호미 괭이 삽 손수레 등 농기계 보관 창고이다. 그 안에 토란을 상자에 넣어 보관했다.

실한 놈은 조리용으로, 좀 작은 녀석은 내년 종자용으로 보관했다.

수확한 토란을 아파트 베란다로 옮겨 놓고 싶었다. 하지만 흙 묻은 토란은 아파트 출입이 금지된 상태이다. 텃밭 농작물은 텃밭 창고가 제집이다. 토란은 추위에 강해 얼지 않을 거라는 막연한 상상은 잘못되었다. 초보가 제대로 할 수 있는 것이 많지 않다.

상자 안에 보관된 토란은 울상이다. 서울 영하 3도 날씨가 2일간 계속되었다. 상자 안의 토란을 땅에 쏟았다. 토란은 촉촉한 물기가 배어 나왔다. 동해(凍害). 아뿔싸. 서울 영하 3도인데 보리밭 창고는 영하 7~8도 되리라. 바람까지 부는 창고이니 체감온도 영하 10도, 토란은 얼고 말았다. 냉동과 해동을 반복한 물컹한 토란은 난감하다. 후회한다. 이 무지한 어린양은 참회한다.

농막 전기온돌을 켜 말리고 달래 보아도 물컹한 토란은 회생하지 않는다. 아! 작년보다 토란 농사 잘했다고 마음 뿌듯했는데. 지나는 사람에게 달걀만큼이나 큰 실한 토란 자랑했는데, 음식물 쓰레기가 되었다. 42.195km 마라톤 잘 달리다 마지막 결승점 앞에서 넘어져 코피 흘린 격이다. 쌍코피다.

집으로 돌아온 초보 농부의 어깨가 무겁다.

아내는 그날 역시 씩씩하다.

"토란은?"

잠시 무거운 침묵이 흐른다. 가슴은 답답하고 머리는 혼미하다.

"토란이 알레르기 있는 사람의 간에 독성이 쌓인대. 내가 피부 알레르기 심하잖아. 동네 사람 나누어 주었어."

착한(?) 거짓말. 우리는 그날 저녁 외식하고 말았다. 동사한 토란을 땅 깊이 파 묻은 그 자리가 눈에 어른거렸다. 그리고 그날 밤 잠을 설치고 말았다.

동치미는 농부의 마지막 손길이다. 가을걷이 끝나고 김장까지 마친 시골은 동치미를 담근다. 김장은 꼭 해야 하는 시골 살림이지만 동치미는 선택사양이다.

땅 얼기 전 그늘진 곳에 독 크기만 한 구덩이를 파 놓는다.

초보 농부의 동치미 사랑은 순전히 어릴 적 추억 때문이다. 유난히 큰 시골집 뒤뜰에 꼬마 키만 한 장독 2개 묻고 어머니는 겨우내 먹을 동치미를 담갔다. 덩치 큰 아저씨들이 낑낑거리며 구덩이를 파고 깨끗하게 씻은 독에 무, 배추, 배, 파 등을 넣어 시원한 동치미를 담갔다.

눈 오는 날 밤 독에서 동치미를 꺼내 저녁 간식으로 고구마랑 먹던 고향의 그리움이다. 무, 배추, 그리고 소금으로 맛을 내 소박하다. 멋 부리지 않은 단순함에 깊이가 있다.

동치미 맛의 비밀은 땅속이다. 흙과 항아리, 그리고 겨울 추위가 만들어 내는 음식이다. 흙의 일정한 온도와 숙성과정 1개월이 동치미 레시피이다.

아내도 동치미에 관심이 많다.

"서리 내리기 전에 무 뽑아야 할걸. 무는 추위에 약하대."

"괜찮아 무가 더 성장해야 깊은 맛이 나겠지. 동치미 담그기 너무 일러. 아직 영상 기온이라."

"그래? 일찍 뽑아 저장해놓고 담가도 괜찮을 텐데."

그런데 갑자기 영하날씨라는 일기 예보이다. 가을을 마치고 겨울 채비하는 계절은 하루가 다르게 변한다. 기온 급강하 되어 초보의 심장은 급박동 한다. 밭에 있는 무가 걱정이다.

토요일 오후 서둘러 텃밭을 찾는다. 파란 잎이 싱싱한 무를 하나 쑥 뽑아 지하수로 씻고 칼로 무의 윗부분을 자른다. 무는 차갑게 얼었고 초보 농부는 파랗게 얼었고 하늘은 노랗게 변했다. 사고다. 무는 동해를 입어 먹을 수 없다. 햇빛을 먹고 자란 무는 추위를 먹고 맛이 갔다. 무의 수분은 기후에 민감하다. 자연을 거슬렀다.

모든 게 타임이라는데. 한탄은 후회를 낳는다.

무거운 발걸음으로 인근 가락시장을 찾았다.

천수무 몇 단을 사 차 트렁크 깊이 넣었다. 일반 김장 무는 날씬한 아가씨 같은데 동치미 담그는 천수무는 통통한 씨름 선수 장딴지 같다. 깊은 맛이 있고 단단하고 식감이 아삭하다.

물론 아내에게 절대 비밀이다. 그 잔소리를 어떻게 견딜 것인가. 무덤까지 가지고 가야 할 비밀이 생겼다. 일단 피하고 보자. 그래도 가까이 가락시장이 있어 다행이다.

내년에는 가락시장에 가지 않아야 할 텐데.

초보 딱지 언제 뗄지? 귀촌 생활이 원숙해지면 그 생활이 시들할지 모른다. 철없을 때가 좋은지 모른다.

자연농법

친환경 경작은 현대 농업, 농학의 최우선 과제이면 미래이다.

친환경은 귀촌, 귀농인에게 던지는 과제이며 의무이다. 친환경 농사를 통해 더 나은 세상을 펼치려는 의지가 있어야 시골로 들어갈 자격이 주어진다. 농작물의 영양이 부족하면 비료 살포하고, 잡초 나오면 제초제 뿌리고, 병충해는 맹독성 농약으로 박멸하는 매우 현대(?)적인 농법을 할 요량이면 시골 텃밭은 재고해야 한다. 어렵지만 친환경 자연농법의 바른길을 걸어야 한다. 교과서에 충실해야 한다. 자연법칙을 여기지 않아야 한다.

친환경에 대한 논의는 그리 오래되지 않았다. 대표적인 환경

론자인 미국의 레이첼 카슨(Rachel Louise Carson 1907~1965)이 화학물질의 폐해를 강력히 주장했다. 그녀의 저서 『침묵의 봄』은 친환경에 관한 바이블이다.

그 전에 사용된 화학 농약인 DDT의 오염을 언론과 서적을 통해 발표하여 큰 반향을 일으켰다. DDT 사용으로 인하여 물고기가 죽고 숲의 새가 죽고, 농산물에 살포하여 인체의 건강까지 해친다고 발표했다. DDT는 호흡기와 소화기를 통해 인체에 서서히 흡수된다. 부신, 고환, 갑상선뿐만 아니라 간장과 신장까지 축적되어 질병이 발생한다. 특히 암 환자의 발병원인이 DDT라는 매우 충격적인 발표를 했다. DDT로 오염된 농산물은 체내 혈류를 통해 미토콘드리아의 기능 구조를 망가트려 건강에 치명적이다.

그녀의 친환경 운동으로 멸종 위기에 있는 흰머리 독수리를 살릴 수 있었다. 그리고 건강을 위한 친환경 농산물 재배를 권장했다. 인간과 동식물의 유기적인 관계를 제시하였다.

요즘 꿀벌이 사라져 양봉 농가가 위기를 맞고 있다. 농민들은 살충제 살포로 꿀벌이 죽고 있다는 사실을 알고 있다. 60년전 레이첼 카슨은 경고했다. 꿀벌이 사라지면 인류의 미래도 위태롭다. 꿀벌은 꿀의 채취보다 더 중요한 일을 한다. 벌이 없어 수정(受精)과정이 사라지면 농산물의 수확이 사라지기 때문이다.

그녀의 절규는 지금도 유효하고 엄중하다.

'우리가 자연을 지배한다는 환상에서 깨어나야 한다'

인간이 자연과의 조화를 저 버릴 때 그 파괴는 고스란히 우리 자신에게 돌아온다.

『침묵의 봄』은 앨 고어(Albert Arnold Gore Jr.) 전 미국 부통령이 환경 운동하는 계기가 되었다. 또 미국에서 '국가환경정책법'을 제정하고, 환경과 개발에 관한 기본원칙을 담은 '리우선언' 역시 레이첼 카슨의 업적이다. 그녀는 과학자이면서 자연주의자로서 자연의 동식물을 서정적으로 표현할 줄 아는 재능을 지녔다. 과학자로서 지녀야 할 차가운 이성과, 작가로서의 따뜻한 감성, 그리고 행동할 줄 아는 실천적 지성을 갖추었다. 그런 자연관은 그녀가 아주 어릴 적 교사인 엄마를 따라 숲에서 놀고 성장하였기 때문이다. 숲은 어린 소녀에게 성장의 공간이면서 교육의 장이었다. 창의적인 영감은 바로 숲에서 나왔다. 과학과 인문학이 환경 운동의 계기가 되었다.

귀촌 귀농을 꿈꾸는 사람은 우선 레이첼 카슨의 환경에 대한 담론을 공부해야 한다. 최소한 그녀의 침묵 속에서 보내는 희망의 메시지를 들어야 시골 생활 자격이 주어진다. 텃밭의 잡초를 제거하기 위해 아무 생각 없이 살포한 제초제 농약이 10년간 토양 속에 남아 있다는 매우 끔찍한 사실을 알아야 한다. 일독을 권한다.

후쿠오카 마사노부(福岡 正信, 1913~2008)의 『짚 한오라기의 혁명』은 친환경 농업을 위한 매우 구체적인 설명서이다. 비료를 사용하지 않고 화학물질 농약도 방제하지 않으면서 자연 식물로 농사하는 매우 유익한 정보를 담고 있다. 땅을 파는 경운, 잡초 제거를 위한 검은 비닐의 멀칭, 농산물 성장을 위한 비료 공급, 잡초 제거의 제초제 사용, 병해충 박멸을 위한 고농도 농약 살포 등. 관행 농법을 부정하고 자연 현상에서 농사지어 건강한 친환경 다수확 농산물을 소출하는 농법을 소개한다.

보리농사 – 10월 하순 벼 베기 전에 벼 이삭 위로 보리 씨뿌리고, 10월 중순 무렵 벼 타작하고 난 뒤에 나오는 볏짚 모두 보리 씨를 뿌린 위에 흩뿌려준다. 그럼 보리는 땅속에서 뿌리내리고 볏짚은 부숙하여 보리의 퇴비가 된다. 땅 위에 흩뿌린 볏짚으로 잡초 발생이 적어 제초나 농약 하지 않아도 보리는 지력과 햇볕과 바람으로 성장하여 5월 하순 보리를 수확할 수 있다.

벼농사– 보리 베기 2주 전에 보리 이삭 위로 볍씨를 뿌리고 베어낸 보리 짚은 볍씨를 뿌린 논 위에 그대로 흩뿌린다.

보리, 벼농사의 퇴비로 사용하기 위해 클로버를 키운다. 이 클로버는 10월 상순 벼 이삭 위로 클로버 씨를 뿌리고, 10월 중순 보리 파종, 10월 하순 벼 수확하고 볏짚을 흩뿌린다, 11월 하순 볍씨 파종한다. 클로버는 보리와 벼의 성장을 돕는 자연 퇴비 역할을 한다. 보리와 벼의 공생 농법이라고 할 수 있다.

보리 벼 줄기 옆으로 클로버가 무성하게 자라고 독새풀 같은 잡초도 섞여 있다. 클로버 아래에 지난해 흩뿌린 볏짚이 잘 썩은 퇴비로 변해간다. 보리와 벼 뿌리 주위에 퇴비와 적당한 잡초 클로버가 있고, 그 안에 많은 유익한 미생물과 벌레가 같이 살고 있다. 그래서 병충해와 잡초 발생을 억제하여 자연농법이 가능하다.

논에서 수확한 볏짚과 보리 짚을 다시 흙으로 보내는 자연농법이다. 건강한 땅에서 건강한 곡식이 성장한다.

자연농법의 원칙이 있다.

이 이론(?)은 초보 농부 필자가 나름 정리한 것이다. 귀촌인의 지침서로 서로 고민하면 좋겠다.

1) 땅을 갈지 않는 무경운(無耕耘)

봄이 되면 시골은 바빠진다. 농부는 겨울의 휴식을 마치고 서서히 논밭으로 돌아간다. 밭두렁에 쑥이 올라오고, 건강한 숲에는 수줍은 보라색 야생화 꽃이 피고, 노란 생강나무는 늦은 추위에도 개화한다. 아직 차가운 봄바람은 농부를 재촉한다.

봄이 돌아오면 농부는 서둘러 트랙터로 밭을 간다. 작년에 심었던 채소 야채는 추억이 되고 새 농산물을 준비한다. 땅을 깊고 몽글게 가는 작업으로 풍년을 기원한다. 옛날에 경운기(耕耘機)인 속칭 '딸딸이'가 논밭을 갈았다. 경운은 농사의 시작인 셈이다.

그런데 이 경운은 매우 단순한 생각일 수 있다. 땅을 푹신하게 갈아주면 식물의 씨앗이나 모종이 착근하기 쉬울 것 같다. 하지만 역작용이 있다. 작은 씨앗, 어린 모근을 위해 땅을 갈아서 흙을 뒤집지만 그 강한 생명력을 무시한 것이다. 단단한 땅에도 적당한 수분, 햇살, 바람이 있으면 뿌리내린다. 작지만 강한 생명력은 서서히 땅에 자신의 몸을 맡긴다. 돌이 있으면 살짝 비켜 가고, 건조하면 잠시 비를 기다리고, 축축하면 잠시 숨을 고르는 자연법칙을 가지고 있다. 경운하지 않은 딱딱한 땅에 바람에 날리는 작고 약한 상추씨를 뿌려 보아라. 며칠 후 파란 순이 반갑게 인사한다.

경운은 땅속의 미생물을 파괴한다. 인체 중 대장(大腸)의 유익한 미생물이 청결과 면역력 증진 역할을 한다. 면역력은 곧 질병에 대한 저항력이다. 흙 속의 미생물이 식물의 성장과 번식뿐만 아니라 병충해와 온갖 자연재해를 극복하는 힘을 제공한다. 그런데 경운은 흙 속의 평화와 자유를 해치는 작업이다. 씨앗이 작고 약하다고 파종 전 땅을 갈아엎는 경운의 과잉 친절은 오히려 부담스럽다. 자연을 자연 그대로 두는 것이 우선되어야 한다. 방치, 무관심이 아니라 그 존재를 인정하는 매우 품격 있는 자연관이다.

2) 비료를 사용하지 않는다

화학 비료는 일시적으로 농산물의 성장을 촉진하지만 지속적으로 사용하면 토양에 변화가 생긴다. 토양은 척박해지고 산성화된다. 척박해지면서 자꾸 많은 영양을 요구하게 되는 악순환이 초래된다. 질소(N), 인산(P), 칼리(K)의 복합비료는 각기 식물에 작용하는 부위가 달라 꼭 필요하지만 화학처리 되어 식물의 면역력을 저하시키고 토양의 지력을 약화시킨다.

상기한 것처럼 보리, 벼 수확 후 짚을 다시 논밭에 흩뿌려 주는 자연농업은 친환경의 기본이다. 비료를 사용하지 않고 수확한 짚을 흙으로 되돌려 주어 충분히 건강한 벼와 보리를 증산할 수 있다.

요즘 농협에서 계분, 돈분, 톱밥을 혼합한 퇴비를 판매한다. 미리 구입하여 부숙시킨 후 퇴비로 사용하면 식물도 토양도 좋아한다.

필자는 한약 찌꺼기를 부숙하여 농작물에 주는데 맛이 다르다. 고추는 아삭한 맛이 좋고, 상추는 더 고소하고 진한 향이 있다. 식물이 식물을 섭취하니 순작용이다.

3) 농약을 사용하지 않는다

농약은 인체에 치명적이다. 요즘 농부들은 농약에 대해 매우 관대하다.

첫째, 옛날 보다 농약의 독성 강하지 않은 저농약이라고 주장한다. 둘째, 농산물 초기에 농약을 사용하고 결실기만 피하면 괜찮다고 매우 호의적으로 생각한다. 하지만 중금속 농약은 빗물로 쉽게 제거되지 않는다. 식물에 접촉한 농약은 잎과 열매를 통해 축적된다. 토양으로 흐른 중금속은 심하면 10여 년간 축적된다. 농약을 사용한 농토는 토양이 오염되어 있어 친환경 농산물을 재배할 수 없다. 친환경 농산물은 그 농산물뿐만 아니라 재배한 토양을 검사(檢査)한다. 농약 사용한 토양은 중금속 축적으로 한동안 오염에서 벗어날 수 없다.

그래서 중금속 아닌 친환경 살충제 살균제를 사용해야 한다. 요즘 시중에 친환경 살충제가 시판되고 인터넷 등에서 여러 가지 정보가 있지만 좀 더 신뢰할 수 있는 기관 연구소 등에서 믿을 수 있는 제품이 개발되어야 한다.

친환경 살충 살균제는 대개 한약재로 개발 생산된 것으로 앞으로 유의성 있는 제품을 기대해본다. 고삼, 고본, 은행, 등등 좀 향이 강하고 자극성 있는 약재들을 사용하는데 더욱 획기적인 약재의 연구가 필요하다. 살균, 살충 작용과 함께 영양 공급의 효능이 있는 한약재 개발은 친환경 농산물을 만드는 데 그 공로가 지대할 것이다. 농학과 한의학자가 참여하는 공동개발이 절실하다.

필자의 경험으로 농산물에 농약을 사용하지 않으면 생산성이 거의 반으로 준다. 특히 가을 배추, 무는 파종 후 새순이 발아하지 못한다. 씨앗은 땅벌레의 먹이가 되고, 새순이 올라오면 바로 잎에 구멍이 난다. 초보 농부의 입이 마르고 가슴은 답답하다. 옆집 밭은 농약을 살포하여 아주 싱싱한 파란 무가 올라온다. 초보네 무는 태어나자마자 병들어 회생 불가하다. 또 서둘러 남은 씨앗을 정성스럽게 파종한다. 일주일 지나 올라온 새순 역시 병들어 병상에서 일어날 것 같지 않다.

몇 년 농약을 하지 않은 토양은 땅벌레 세상이다. 땅벌레 반 농부 반, 나눔의 의식이다.

초보 농부 텃밭 창고에는 농약과 농약 소독통이 없다. 아직 잘 버티고 있다. 좀 외롭다. 힘들다.

텃밭에 농약 사용할 생각이면 귀촌을 다시 한번 생각해 보아야 한다.

텃밭에 몇 년 째 농약하지 않은 효과가 나타났다. 추수가 시작되는 햇살이 화창한 초가을 메뚜기가 뛰어다닌다. 메뚜기, 방아깨비, 여치도 경쟁하듯이 이 풀 저 풀로 점프한다. 개구리가 이 고랑 저 고랑에서 뛰어나온다. 가을 텃밭의 발걸음은 조심스럽다. 어릴 적 그 풍경이 펼쳐진다.

토양의 회복력(recovery)이다. 자연의 회복력은 인간에게 큰 위로가 된다.

결실의 계절이 풍요롭다. 그 메뚜기, 그 개구리 오랜만이다. 작은 생명과의 동거가 반갑고 고맙다. 한참 후 메뚜기는 어디로 갔는지 사라지고 개구리는 동면에 들어갔는지 보이지 않지만 분명 내년 가을 그 햇살 아래 그 녀석들이 나타날 것이다. 내년에도 무농약 농업이니 좀 더 많은 녀석들이 나타나기 기대해본다.

농부의 가슴에 방아깨비가 방아를 찧고 있다. 덜커덩 덜커덩.

초보는 오염된 농부는 안되리라 다짐한다. 대지의 오염은 인류의 오염이리라. 땅의 황폐화는 인간의 붕괴이리라.

4) 잡초를 뽑지 않는다

잡초도 발생할 이유가 있기 때문에 발생한다. 잡초 역시 자연의 일부로 나름의 역할이 있다. 풀은 풀에 맡겨두는 것이 좋으니 제초제를 사용하지 말아야 한다. 잡초를 잡초로 인정하고 타 식물과의 이해관계를 잘 적응해야 한다. 잡초를 농작물의 퇴비로 활용하는 순기능을 고민해야 한다.

특히 농산물을 성장시켜 그늘을 만들고, 생산한 짚을 전답에 흩뿌리는 자연농법을 통해 잡초 발생을 차단한다.

5) 직파(直播)는 건강한 농산물을 생산한다.

봄이 되면 각종 채소 과일 모종을 파는 농원이 분주하다. 고추 모종을 비롯하여 상추, 가지, 호박, 오이, 수박, 참외, 토마토 등등. 많은 생명들이 초보 농부를 유혹한다. 하지만 참아야 한다. 모두 텃밭에 심을 수 없다. 그 많은 자식들 어떻게 젖 먹이고(퇴비), 병들면 병의원 가고(살균 살충), 철마다 옷 사 입히고(순치기), 학교 보내고(제초), 시집 장가 보낼 것(수확)인가. 농사에 대한 열정을 억제해야 한다. 꼭 필요한, 관리하기 쉬운 모종만 사야 한다. 그런데 그 모종은 겨우내 비닐하우스 온실 포트에서 싹을 띄운다. 온실에서 미리 모종을 육묘하면 성장 시기를 앞당길 수 있는 장점이 있다. 거의 매일 수분 공급하고, 물론 병들면 가볍게 농약 살포할 것이다. 말 그대로 온실에서 자란 채소다. 아무래도 생명에 대한 저항력이 떨어진 상태이다. 거친 환경이 아닌 파종 발아 성장 과정이 온순하다. 그런 태생적 한계는 유약하여 쉽게 병충해가 발생할 수 있다.

그래서 노지(露地)의 직파는 건강한 농산물을 만든다. 비바람 속에서 발아한 어린잎은 거친 환경 속에서 성장을 배운다. 인공이 아닌 자연 속의 생물은 자연과 더불어 살아가는 방법을 알고 성장한다. 건강한 농산물은 병충해에 강하고 그 결실도 풍요롭다.

옛날에는 비닐이 개발되지 않아 모두 직파했다. 비닐의 개발로 비닐하우스가 생겨 고품질 다수확을 이루었고 비닐 멀칭으로 잡초를 억제하여 편리하지만 그 폐해도 있다. 비닐하우스 농산물에 농약 살포가 지속되고, 비 내리지 않은 하우스는 염분 중금속의 땅이다. 비닐하우스의 토양은 오염 덩어리이다.

자연농법의 창시자라 할 수 있는 후쿠오카의 '연속 불경작 직파'의 이론 정보를 새겨들어야 한다. 볍씨를 모판에서 길러 논에 이식하는 지금의 방식이 아닌 직접 비옥한 토양에 뿌리는 직파로 친환경 재배 방식을 응용해야 한다.

특히 텃밭 농부는 소소하게 그 착한 공간 만큼 산업화를 멀리하고 옛날 농법을 선택해도 좋을 것이다. 힘든 만큼 친환경 농법이다.

남이 하지 않는 직파는 초보 농부의 자연농법 실험정신이다. 고정된 생각 벗어나는 일탈, 변화이다. 보리밭에서 감자를 수확할 수 있는 의식, 도전 정신이 필요하다. 고루(固陋)한 사고(思考)의 변화를 통한 새로움의 추구이다.

어떻게 땅을 파지 않고 파종해? 어떻게 비료 주지 않고 농산물 키워? 어떻게 농약 하지 않고 농산물 키워? 어떻게 제초제 하지 않고 농사지어? 그동안 관행적으로 해온 농법을 탈피해야 한다. 고정된 생각의 변화는 자연농법의 처음이고 기초다.

반듯한 인격체를 만나는 일과 같다.

옛날 한국의 농촌은 지금보다 훨씬 많은 중금속 농도가 높은 농약을 농작물에 살포했다. 농산물 농약은 사람의 생명을 위협했다. 농약을 살포하다 인체에 영향을 주어 혼수상태 되고 인근 종합병원에 실려 가는 농부들이 많았다. 가까스로 생명을 구한 경우도 있지만 돌아오지 못한 세상으로 간 경우가 많았다. 특히 과수에 사용하는 파라티온, 드린제를 비롯하여 황산구리와 산화칼슘의 혼합액 보르도액은 인체에 치명적이었다. 하지만 맹독성 농약을 사용하지 않으면 과일을 수확할 수 없는 시절이었다.

2006년 일본 프리랜서 작가인 이시카와 다쿠지(石川拓治. 1961~)는 농약을 사용하지 않고 사과를 재배한 기무라 아키노리(木村秋則. 1949~)의 성공담을 저술했는데 전 일본을 열광하게 했다. 기무라 아키노리의 무농약 재배 과정을 기록한 『기적의 사과』는 농부들에게 귀한 자료가 되었다.

기무라 아키노리는 위에 소개한 후쿠오카 마사노부 자연농법 『짚 한오라기의 혁명』의 영향이 크다. 그 책을 통해 친환경 과일을 꿈꾸었다. 당시 일본은 사과를 수확하는 데 1년에 10회 이상 고농도 농약을 살포하였다(올해 제천에서 사과과수원 하는 지인은 18번

농약을 살포했단다). 그 맹독성이 식탁에 올려지는 현실을 극복하고 싶었다. 그래서 매일 농약 하지 않은 사과밭에서 병충해와 지내면서 친환경 농법을 찾았다. 1년, 2년, 해가 지나지만 별 방법을 찾지 못하고 사과를 수확하지 못한 재정난으로 힘든 생활을 보냈다. 해로운 벌레를 직접 잡아보기도 하고 친환경 농약을 살포하기도 하고 가지치기도 해보고, 이런저런 궁리를 거듭했지만 별 효과가 없었다.

그러던 어느 날 옆 산에서 건강하게 자라는 상수리나무 땅을 보고 큰 깨달음을 얻는다. 그 곳은 색이 곱고 오염되지 않는 구수한 냄새가 나는 비옥한 땅이었다. 그리고 상수리나무는 주위의 잡초와 더불어 살고 있었다. 땅속에는 뿌리혹박테리아가 있고 유익한 미생물이 나무가 건강하게 자라게 하고 있었다.

사과나무는 그동안 지나친 농약으로 땅이 오염되었고, 그곳의 사과나무는 면역력 떨어져 병충해 피해가 컸다.

① 무농약이면서 풀을 뽑지 않고 공생의 환경을 만들었다. 농약뿐만 아니라 화학 비료 역시 토양을 오염시키는 요인이다. 잡초에서 많은 해충이 발생했는데, 그 해충은 또 다른 해충을 잡아먹는 먹이사슬이 형성되었다. 무농약과 무제초 2년 만에 흙은 회복되기 시작했다.

무농약(無農藥), 무시비(無施肥)는 토양을 비옥하게 하여 지표면이 아닌 땅속 깊이 2m까지 뿌리를 내려 수해, 가뭄, 바람 등에 강한 사과나무가 된다.

② 죽지 않는 해충은 사과나무에 양동이를 매달아 두었다. 그 안에 사과를 발효시켜 만든 액체를 물로 희석하여 넣어 물리적 방제를 했다.

③ 그래도 해충과 세균이 사과나무에 나타나기 전에 농약 대신 식초를 살포했다(책에 식초와 물의 비율은 소개하지 않았다). 천연 살충 살균제로 사과나무와 밭에 해로운 영향을 미치지 않는다.

④ 가지치기는 병충해 방제와 증산에 결정적인 도움이 된다. 나무의 형태는 잎이나 열매 나는 상태, 일조량, 병충해 발생까지 영향을 끼친다. 잎맥을 보고 뿌리 상태에 맞춰 가지치기를 한다.

⑤ 제초는 사과 수확하기 전 1년에 1회 실시하면 증량에 도움이 된다.

직장생활 하던 초보 농부는 상품성 있는 무농약 자연농법의 사과를 수확한다. 농약하지 않은 사과 한 입 베어 먹으니 온몸이 전율한다. 봄에 꽃이 풍성하게 피고 가을에 붉은 친환경 사과를 수확하였다. 8년 만의 일이다.

기적의 사과이면서 집념의, 열정의, 고집의 사과가 탄생하였다.

자연농법은 아무것도 하지 않는 농법이다.

"인간이 할 수 있는 것은 대단한 것이 아니야.
내가 열심히 노력했다고 하지만 실은 아니야.
사과나무가 힘을 낸 것이지.
내가 할 수 있는 일은 사과나무를 돕는 것 정도야.
실패를 거듭하면서 그걸 깨달았지.
그걸 알아채기까지 정말 오랜 세월 걸렸어."

그는 겸손하지 않다고 하지만 정말 건방지지 않은 농부이다.
단지 친환경 사과를 재배한 것이 아니라 **가슴속의 순수를 키운 것이다.**
자연의 이치를 깨달은 구도자이다.
그는 한 그루 건강한 사과나무가 되어 우뚝 서 있다.
그 나무 그늘 아래에서 쉬고 싶다.
작은 텃밭이라도 이런 흙에 대한 겸허한 마음으로 접근해야 한다.
그래야 텃밭이 초보 농부 마음의 터전이 될 수 있다.

고추 일대기

고추의 주성분인 캡사이신(capsaisin)은 면역력 증진 효능이 있다. 몸을 따뜻하게 하니 식욕을 촉진할 뿐만 아니라 신진대사를 돕는다. 한국 음식 양념의 중심이다. 고추 없는 음식은 상상할 수 없다. 독하고 강한 정신력의 민족, 매운 고추는 동질성의 등식을 이룬다. 고추는 그런 정신세계까지 품고 있다.

여름 풋고추와 초가을 태양초는 식탁과 농민 주머니를 풍요롭게 한다. 초보 농부 역시 텃밭에 한가지 농산물만 심으라면 상추와 고추를 선택한다.

특히 어릴 적 고향의 고추는 땀과 등록금으로 애증의 대상이었다. 논의 벼농사, 밭의 고추 농사는 농민의 터전이었다.

중부 지방은 5월 초 어린이날 전후 고추 모를 심는다. 너무 일찍 심으면 냉해 입을 수 있고 늦게 심으면 한여름 태양을 적게 받아 태양초 수확이 감소한다. 식재 시기는 농사의 첫 단추이다. 농산물을 적기에 심어야 고품질 다수확 할 수 있다.

고추 모종을 심고 1주일 지나면 뿌리 내리고 건강한 잎이 바람에 춤을 춘다. 베이비 스텝(baby step). 땅에 의지하여 파릇한 생명체가 된다. 1주일에 한 번 텃밭에 가는 귀촌인은 고추의 폭풍 성장이 어리둥절하다. 한 달쯤 지나면 제법 실한 고추가 열린다. 거의 나무 수준의 고추는 센 바람에 큰 율동을 보인다. 농부도 춤을 춘다. 자이언트 스텝(giant step). 하지만 지지대를 하지 않으면 여지없이 가지가 부러지고 만다. 잎과 열매가 풍성한 고추는 여름 제철을 맞이한다. 뜨거울수록 고추는 태양을 닮아 붉어진다.

즐거운 마음으로 첫 풋고추를 따 식탁에 올리면 초보의 성취감은 겁 없이 하늘을 찌른다. 바로 귀촌의 보람이요 재미이다. 텃밭의 선택은 탁월했어. 자연은 인간을 풍요롭게 하지. 그날 밤 수면은 달콤하고 깊다. 꿀벌과 같이 노는 꿈을 꾼다.

1주일 후 찾은 고추밭은 더 많은 하얀 꽃이 바람 따라 춤을 추고, 가지에 주렁주렁 실한 고추가 달린다. 언제 컸는지 더 크고 더 많은 고추가 달려있다. 노력보다 대가가 큰 고추는 왠지 고맙다.

선배 농부의 말씀은 귀하다.

“고추는 따 줄수록 더 많이 열려요”

정말 신기할 정도로 고추가 열린다. 1주일에 한 바구니 이상 딴다. 풋고추는 키가 크면서 더 실하고 더 매워진다. 바구니에 고추 가득하고, 농부의 가슴에 풍요 가득하다. 고추는 초보에게 전문가로 착각할 기회를 준다. 교육과정 없이 ‘농학박사’ 학위를 취득한다. 우쭐한 초보는 겸손을 버린다. 천방지축은 초보의 특권이다. 쯔쯔.

고추는 재배가 쉽고 수확이 많아 초보 농부에게 큰 유혹이다. 노력에 비해 기쁨과 결실이 많다. 뜨거운 태양에 적당한 수분 공급으로 수확이 넘치니 주위 사람과 나누어 먹기 좋다. 적은 투자로 큰 이익과 기쁨을 낳는 ‘농업 경제 원칙’에 맞다.

그동안 겪은 좌충우돌 고추 농사의 기록이다.

* 1학년 1학기

가까운 텃밭 채소 판매소에서 벅찬 가슴으로 고추 모종을 산다. 그때쯤 농원 가판에 고추를 비롯하여 가지, 오이, 토마토,

수박, 참외, 호박, 부추의 모종 등이 즐비하다. 채소가 커 가는 상상을 한다. 절제. 모두 기르고 싶은 농산물이지만 참아야 한다. 데친 토마토는 장수 식품이라는데, 제일 좋아하는 과일은 수박인데, 애호박전과 막걸리는 환상의 음식 궁합인데, 갈색 가지가 몸에 좋다는데, 여름철에는 시원한 오이가 생각나는데, 첫 부추는 피 한 방울이라는데 참아야 한다. 꼭 필요한 농산물만 선택하는 절제가 필요하다. 자식 많으면 바람 잘 날 없고, 농부가 농작물 많으면 풀 매는 날 많아 고단하다.

이런저런 이유로 고추는 텃밭의 많은 공간을 차지하는 농작물이다. 농부의 정성으로 자라고 결실한다. 1년 농사 소홀할 수 없는 농부의 간절함이다.

60 모종을 샀다. 한 모종에 250원이니 15,000원 투자되었다. 설렘과 두려움이 교차한다. 잘 키워 아삭한 풋고추 된장 찍어 먹는 상상으로 가슴 벅차다. 하지만 병들어 조기 사망하는 생각은 공포다. 병충해 많은 고추이니 걱정이 동반한다. 장수는 아니지만 평균 수명은 살아야 하는 절박감이다.

이랑을 만든다. 고른 땅을 일정한 간격으로 고랑을 만들고, 그 흙은 위로 올려 두둑을 만든다. 두둑에 심은 작물이 비 피해를 피하고 배수가 잘되게 해야 한다. 농산물에게 비는 필요의 악이다. 적어도 많아도 안 된다. 농산물에게 적당한 시기에 적당한 비가 내려야 한다. 하지만 하늘은 그런 조절 기능이 없다. 기대하지 말고 가뭄과 장마가 닥치면 농부는 그에 대처해야 한다. 자연과의 대치, 극복, 적응이 필요하다.

비가 지나치면 농작물은 큰 피해를 본다. 지루한 장마에 모든 농작물이 뿌리까지 썩고 과실은 결실하지 못하고 낙과한다. 농부는 내리는 비를 하염없이 바라볼 뿐이다. 하늘은 애타는 농부의 가슴을 굽어살피지 않는다. 차라리 가뭄은 고통이 적다. 마른 전답에 용수, 관수하면 된다. 지하수를 이용해 스프링클러를 가동하면 농작물은 웃는다. 작열하는 태양, 활발한 광합성 작용으로 건강한 결실을 맺는다. 충분한 일조량은 고추를 크고 강하고 맛있게 성장시킨다.

물(水)과 불(火)은 자연과 인체에서 꼭 필요하지만 부족하거나 넘치면 질병을 발생한다. 대지에서 물과 불의 조화 역시 농부의 노력과 지혜로 극복해야 하는 영역이다.

시골에 살면 차츰 자연인이 되어 간다. 자연과 더불어 사는 지혜를 터득한다.

초보 1년차. 고추 모를 조심스럽게 심고 1주일 지나 텃밭을 찾았다. 기대와 걱정으로 찾은 고추밭은 근심까지 자란다. 싱싱하게 뿌리를 내려야 하는 고추 모는 그리 건강하지 않다. 반은 뿌리내려 파란 잎이 싱싱한데, 반은 시들하다. 고추의 영양을 고려하여 한약재 밑거름을 듬뿍 준 상태였다. '한약 몸살'이다. 천연 퇴비인 한약 찌꺼기는 어린 고추에게 부담스럽다. 연약한 뿌리는 한약재에 취해 제정신이 아니다. 잎이 시들하고 자꾸 고개 숙인다. 술 취한 취객처럼 힘없이 고개 숙이고 언제 넘어질지 모른다. 농부는 애간장 탄다. 폭우로 수해 입은 것처럼, 가뭄으로 한해(旱害)입은 것처럼, 아니면 병들어 고사 직전의 모습이다. 농부와 고추는 같이 잠을 설친다.

어렵다. 가슴이 내려앉는다. 머리가 혼미하다. 그래도 초보의 실수는 귀엽다. 그렇게 스스로 위로한다.

시든 고추 모종을 캐본다. 역시 건강한 뿌리가 사라지고 썩었다. 완전히 발효되지 않은 가스 때문인지, 아니면 지나친 영양 공급이 문제인지 모른다. 지나치면 부족함만 못하다. 차라리 밑 거름을 하지 않았으면 고추 모는 별 탈 없이 뿌리 내렸을 것이다. 욕심은 화를 부른다. 흙은 조용히 어리석은 인간을 타이른다.

* 2학년 1학기

초보 2년차. 방치다. 어떤 밑거름도 하지 않는다. 연약한 고추 모종에 밑거름은 독이 될 수 있다. 작년에 발효되지 않은 한약 찌꺼기로 실패한 경험을 기억한다. 모를 이식하고 충분히 물을 주는 것이 고작이다. 담백하다. 단순하다. 욕심을 버렸다. 자연에 맡긴다.

역시 1주일쯤 지나 땅 맛을 본 고추 모는 더 파랗게 변했다. 비닐하우스에서 태어난 고추 모는 넓은 대지에 그 존재를 알리는 장엄함이다. 반갑게 인사 나누고 환영식을 갖고 싶다. 물 조리로 파란 잎에 물을 주고, 그 의식을 대신한다. 몇 개월 좋은 관계로 지내자는 다짐이다.

어린 고추를 심고 1주일이 지나면 작은 식물은 땅 맛을 보아 파릇하고, 2주쯤 되면 키가 크고 줄기에 새 가지가 나오고 새순이 나온다. Y형의 어린 고추가 서서히 성장을 거듭한다. 이 시기에, Y형(방아다리) 고추로 성장하고 새순이 나올 때, 농부의 손길이 필요하다. Y형태 아랫부위 고춧잎을 모두 따준다. 꼭 필요한 줄기만 남긴다.

아랫부분을 희생시켜 윗부분을 성장시키는 다수확 농법이

다. 방아다리 아래에서 딴 어린 잎은 끓는 물에 아주 살짝 데쳐 나물로 먹는다. 고춧잎 + 액젓 + 참기름 + 고춧가루 = 행복의 등식을 이룬다. 그 향긋함, 그 고소함, 그 부드러움, 그 상큼함. 정신이 아찔하다. 첫 수확이다. 미친다. 마을 선배 농부는 어린 고춧잎에 환장하는 초보를 보고 혀를 찬다. 누가 미쳤는지 모른다.

초보 2년차 시작이 순조롭다. 파릇한 고추 모가 봄바람에 성장한다. 이식 2주 지나면 제법 성인이 되어 가는 모습을 한다. 이때 웃거름을 한다. 고추 사이에 발효한 한약재 한 움큼 땅에 넣고 묻는다. 일반 농부는 복합 비료를 시비하지만 친환경 농법을 고집하는 초보 농부는 발효시킨 한약 찌꺼기를 사용한다. 뿌리 내린 고추는 한약재의 자연 성분을 흡수한다. 화학 비료가 아닌 천연 퇴비이니 자존감이다. 뿌리 가까이 주면 해로울 수 있다. 고추와 고추 중간에 웃거름을 준다. 뿌리가 서서히 흡수하면서 줄기- 가지- 잎- 꽃으로 영양분을 공급한다.

조용한 밤에 고추밭에 가면 고추 크는 소리를 들을 수 있다. 그 소리에 농부의 심장이 멈출 수 있다. 구라. 거짓말. 착한 거짓말, 귀여운 농부가 된다.

* 탄저병 없는 고추

고추를 심는다니 모두 탄저병 걱정이다.

"고추는 농약하지 않으면 먹을 수 없어요."

"하긴 농약하고 고추 씻으면 괜찮아요."

일반 상식, 관행에의 도전은 겁 없는 초보 귀촌인의 사명이다. '고추는 탄저병으로 농약하지 않으면 못 먹는다'는 그 잘못된 생각에 맞서야 한다. 비겁한 굴종 농법에 대항해야 한다. 그리고 친환경 농법으로 건강한 고추의 생산을 보여 주어야 한다. 초보의 힘 있는 도전, 실험 정신이다.

착하기만 하면 발전이 더디다. 그 착함을 현실에 적용해야 한다.

초보의 겁 없음은 곧 영악한 순수이다. 태초 시간의 회귀이며 자연 본연의 추구이다.

그 옛날 농약 없던 시절, 비료도 개발되지 않던 시기에는 농산물 모두 친환경이었다. 산업화로 대량 수확을 위한 인간의 처절한 몸부림은 고추에게 치명적인 탄저병을 불러일으켰다. 화학 비료, 농약의 살포, 치밀한 식재는 토양 산성화를 초래했다. 병충해의 내성이 생기고, 농약의 중금속 성분은 더 강해지고, 악순환 회로는 길게 이어졌다.

토양의 황폐화는 근본 질서의 파괴이다. 그 위의 농산물과 인간 역시 심한 악취에서 벗어날 수 없다.

다시 태초의 농법으로 돌아가야 한다.

① **친환경 방제** – 고추가 병에 걸리면 식물로 만든 친환경 살균 살충제로 방제한다. 꽃 필 무렵 친환경 약을 살포하여 병충해를 방지한다. 식물을 통한 친환경 방제를 개발해야 한다. 탈원전으로 태양광 풍력발전을 거론하듯이 탈 화공 농약으로 친환경 방제의 개발이 필요하다.

② **재식(栽植) 거리 확보** – 식재 간격을 확보해야 한다. 치밀한 식재는 통풍, 광합성 등에 치명적이다. 일정한 간격으로 고추 모종을 식재하여 빛과 바람이 잘 통하는 환경을 마련한다. 필자의 경우 2그루 심을 간격에 1그루 심는다. 10그루 심을 두둑에 5그루만 심는다. 광합성 작용과 통풍이 잘 되어 고추의 병충해를 예방할 수 있다. 물론 다수확 고소득을 요구하는 농가는 밀식 + 농약 살포의 과정이 필요하다.

2주 대신 1주 고추 모종을 심으면 생산량이 준다. 2근 수확이 1근으로 준다. 농부의 지갑이 빈다. 하지만 친환경은 귀하고, 건강을 우선한다. 중금속에 오염되지 않은 토양에 농약 살포,

비료 시비하지 않은 무농약 고추이다. 두툼한 친환경 고추의 식감을 가족 식탁에 올리는 작지만 확실한 행복이다. 농약한 1근 고추 1만 원이면, 친환경 고추는 1근에 2만 원 이상의 가치이다.

초보도 가능한 농법이다. 욕심 버린 초보는 의젓하다.

③ **순치기** – 고추 모종 심고 1주일 지나면 어린 식물은 땅에 뿌리내린다. 새봄, 새로운 땅에 뿌리내린 새 생명이다. 와! 벅차다. 작은 식물이 태어나 새 시대를 연다. 기쁨과 역경까지 전해 줄 새 생명이다. 파랑은 생명이다. 대지(땅)와 햇볕(하늘)이면 충분하다. 그리고 널려있는 공간이면 족하다. 소박하다.

2주일쯤 되면 키가 크고 줄기에 새 가지가 나오고 새순이 나온다. Y형의 어린 고추가 서서히 성장을 거듭한다. 이 시기에, Y형(방아다리)으로 고추가 성장하고 새순이 나온다. 농부는 Y형태 아랫부위 고춧잎을 모두 따준다.

Y방아다리 아래 고춧잎은 고추가 성장하는데 도움이 되지 않는다. 방아다리 아래 고춧잎까지 영양분을 공급할 필요가 없고, 아래쪽 고춧잎을 따내 햇볕이 잘 들어 위쪽 고춧잎이 광합성 작용을 잘하게 하며, 아랫부분에 통풍이 잘되어 병충해 예방에 효과가 있어, 성장하는데 좋은 환경을 형성한다. 이런 환

경이 조성되어야 고추의 치명적인 탄저병을 예방할 수 있다. 영양, 햇빛, 바람을 위해 순치기한다.

고추 방아다리 불필요한 어린 순을 따 주는 것은 무소유 농법이다. 불필요한 가지를 제거하고 Y 윗부분만 집중 성장시킨다.

④ **충분한 퇴비 공급** – 고추모를 심기 전에 밑거름을 충분히 주어 초기 퇴비 공급에 소홀하지 말아야 한다.

식재 3주 후부터 웃거름을 충분히 준다. 밑거름만으로 성장의 한계가 있어 웃거름을 주어야 실하게 성장한다. 3주 간격으로 추가 웃거름을 준다. 1회 웃거름으로 충분한 영양 공급되지 않는다. 추비하지 않으면 고추가 1자(字)로 크지 않고 빈약해진다. 울퉁불퉁하거나 구부러진 고추는 영양 부족이다.

그리고 흙으로 돌아간다. 농부는 텅 빈 들녘을 보고 여름내 흘린 땀을 훔친다.

밑거름, 그리고 몇 차례 웃거름, 어떤 친환경 퇴비를 얼마 간격으로 시비해야 하는지 연구해야 한다. 그리 어려운 문제 아니다.

초보 농부도 5월 초 식재한 고추를 늦가을까지 수확한다. 물론 서서히 병들어가는 고추가 생기지만 큰 어려움 없이 수확한다. 서리 내리기 전까지 고추랑 친하게 지낸다.

⑤ **직파** – 내년에 농원에서 고추 모종을 구입하지 않고 직파할 예정이다. 고추 모종 식재보다 좀 일찍 고추씨를 직파하여 처음부터 병충해 저항성 강한 고추 모를 직접 키울 예정이다. 두득에 일정한 간격으로 고추씨 2, 3개 넣고 흙을 덮는다. 발아, 파란 새싹이 올라오면 실한 놈 1개를 키운다.

비닐하우스 육묘의 단점을 해결하는 직파는 친환경 농법의 시작이다. 분유보다 모유 먹인 유아가 더 건강하다. 비닐하우스 연약한 고추 모종보다 거친 봄바람 맞으며 뿌리내린 아기 고추가 더 실하다. 병충해에 더 강하리라 믿는다. 태생부터 건강한 고추를 기대한다. 직파로 고추 한 해 농사 망칠지 모른다. 하지만 초보는 도전이다. 실험 정신의 농부는 건강하다. 이 궁리 저 생각하면 농부의 주름이 펴지고 흰머리가 검어진다. 텃밭은 세월을 극복하는 기능이 있다.

* 비닐 멀칭(Mulching)의 폐해

검은 비닐의 멀칭은 잡초 발생을 방지하고 수분을 간직하기 위한 농사 짓기에 매우 요긴한 과정이다. 그 옛날 비닐이 개발되지 않은 시절에 농부의 손은 바빴다. 농산물을 심는 두둑과 배수로인 고랑까지 잡초가 무성하다. 그런데 이제 검은 비닐로 온 땅을 덮고 작물만 빼꼼히 나오게 한다. 잡초 꼼짝 마! 대단한 농법이다.

그런데 이런 농법은 더 많은 모순을 낳는다. 일단, 온통 전답을 비밀로 꼭꼭 싸매면 토양이 호흡하지 못한다. 땅속에 함유된 질소 탄소 등 가스 배출이 안 된다. 토양이 햇빛을 받지 못해 건강한 미생물 등이 형성되지 못해 토양의 면역력(저항성)이 저하된다. 토양이 호흡하지 못해 오히려 병충해 발생이 증가할 수 있다. 또한 가뭄시 관수(灌水, 물주기)가 용이 하지 않다.

필자는 검은 비닐 멀칭을 두둑에 하지 않고 고랑에 한다. 그러면 잡초 발생 방지와 배수가 용이하다. 장마철에 많은 비가 토양으로 흡수하지 않고 바로 외부로 배수되는 효과가 있다. 고추를 심은 두둑은 맨땅 상태를 유지하고 고랑은 검은 비닐 멀칭한다. 그러면 토양은 호흡을 원활히 하고 적당한 수분을 흡수할 수 있다. 고추 밑 멀칭하지 않은 땅에 올라온 잡초는 손수 뽑아주는 번거로움은 친환경 농법을 위한 최소한의 노력이다.

일반 농부는 농산물을 심은 두둑에 멀칭을 하지만 이 겁 없는 초보는 고랑만 비닐을 깐다. 이 어처구니없는 멀칭에 주위 사람들은 웃는다. 하지만 더 많은 장점이 있다. 많은 사람의 농법이 꼭 최상이 아니다. 초보의 고집은 친환경 농법의 기초가 될 수 있다. 일반 농업인과 반대 멀칭 방법이지만 기죽지 않고 좀 더 지속할 예정이다.

고정의 부정은 변화, 발전, 그리고 새로운 세상이다.

이번 생은 망했다

언젠가 울릉도 가족 여행을 했다. 그곳에서 먹었던 '명이나물(산마늘)'을 기억한다. 텃밭은 생각을 실천할 수 있는 공간이다. 쉽게 먹을 수 없는 귀한 나물이니 도전의 의욕이 넘친다.

파란 쌈에 향긋한 맛이 건강에 이롭다. 항산화작용으로 체내 활성산소를 없애고 산소를 공급하여 심지어 항암 효능도 있다. 맛과 영양이 풍부하니 고급이다. 상추 깻잎과 또 다른 품격이 있다. 명품 채소이니 샤넬, 루이뷔통, 구찌이다.

배수 잘 되게 고랑을 파 높게 두둑을 쌓는다. 그리고 잡초를 뽑고 밑 거름을 주고 정성스럽게 파종한다. 너무 깊게 묻으면 새싹이 더디니 얕게 묻으라는 고수의 조언을 참고한다.

건강한 발아를 기원하는 간절함까지 묻는다.

향기 입안 가득하다. 상추보다 건강과 맛이 풍부하니 삼겹살이랑 등심이랑 쌈으로 먹으리라. 군침이 돈다. 텃밭 농장주의 자유를 즐기리라. 먹다 남은 명이나물은 염장하여 두고두고 먹으리라. 향기에 취하고 건강을 챙긴다. 가보지 않은 길을 간다.

텃밭에 가면 명이나물 구역을 유심히 바라본다. 발아의 기대는 아직 기쁨이 되지 못한다. 주말마다 들른 명이나물밭은 여여하다. 속 터지게 기다리는데 무엇이 올라온다. 드디어. 하지만 자세히 보니 잡초들이 먼저 고개를 내민다. 명이나물 씨앗은 아직 땅속에서 굼틀댈 뿐이다. 속 터지지만 어쩌겠는가. 기다려야 한다. 서두르지 않는 것도 산나물이 주는 교훈이다. 좀 귀한 녀석이니 좀 더디게 올라오나 보다. 쉽게 발아하면 무게가 없다.

다음 주에도 그 밭은 잡초만 자라고 있다. 산마늘은 애간장 태운다.

그다음 주에는 잡초가 밭을 점령한 상태다. 아뿔싸, 산마늘이 저 잡초 속을 헤집고 올라올 수 있을까? 의문부호는 부정을 낳는다.

그다음 주에는 아예 잡초밭이 되었다. 산마늘은 상상 속의 나물이 되었다. 혹시 싹이 올라왔는지 몰라 잡초를 조심스럽게 뽑는다. 새순은 보이지 않고 맨땅 그대로이다. 씨앗도 새싹도 보이지 않는다. 아무튼 명품, 재수 없다.

마을 어른들에게 답답한 심정을 하소연한다. 산마늘은 늦게 나온단다. 더 기다리라는 주문이다. 봄에 파종한 산마늘은 가을에도 소식이 없다. 아마 잡초를 캘 때 씨앗도 소실되었나 보다. 초보 농부는 왜 산마늘이 올라오지 않았는지 모른다. 기후, 토양, 주위 환경(잡초 등), 수분관리, 불량 씨앗 등등 그 발아 실패 원인을 찾지 못한다.

실패도 수확이다(속도 좋다). 실패를 교훈 삼아 1년 후 다시 파종하면 된다.

귀촌 3년째 초봄이 되었다. 초보 농부는 더욱 가슴이 설렌다. 작년 보다 더욱 농사를 잘 지으리라 다짐한다. 그동안 2년의 경험은 고품질 다수확의 기쁨을 줄 것이다. 그런 기대로 고추, 오이, 가지 모종을 사러 농원을 찾는다. 그 많은 농산물 중 꼭 필요한 품종만 고른다. 많은 야채 채소를 심고 싶지만 절제 또한 농촌 생활의 원칙이다.

작년 그 가게에 들러 고추 모종 50개를 샀다. 밑거름한 두둑에 광합성과 통풍을 생각하여 폭넓게 심는다.

잔뿌리는 제거하고, 작은 구덩이에 심고, 바로 물을 주고, 높지도 낮지도 않게 흙을 덮는다. 그리고 가볍게 흙을 눌러준다. 선배 농부님들의 유튜브를 몇 번 보았던가. 농법 산지식이 작은 스마트폰 안에 모두 들어있다. 그리고 1주일이 지나고 2주일이 되었다. 그쯤 되면 당연히 고추 모는 땅에 뿌리 내리고 파란 잎이 돋는다. 그러면 농부는 1차 웃거름을 준다. 한해 농사의 시작이니 매우 기다려지고 긴장되는 기간이다.

그런데 고추 모는 좀체 성장하지 못하고 비실댄다. 사 온 그대로 성장하지 못하고 있다. 초등학교 1학년이 세월이 흘렀으니 3~4학년이 되어야 하는데, 그대로 1학년이다. 온갖 상념에 젖어 하루가 우울하다. 밑거름이 강했나? 너무 깊게 심었나? 너무 일찍 심어 냉해 입었나? 여러 경우의 수를 추측한다. 편두통이 발생한다. 끙끙대는 남편을 보고 아내는 혀끝을 찬다.

'나를 그만큼 관심 가져주지. 나는 고추보다 못하네'.

초보는 가끔 텃밭 생활을 후회할 때가 있다.

중부 지방 고추 모는 5월초 어린이날쯤 심어야 냉해 입지 않는다는 동네 족장 어르신의 가르침을 받은 초보인데 속이 타들어 간다. 중순 지나 겨우 풋고추가 열렸다. 그런데 싱겁다. 고추 꼴이 박혀있지 않다. 좀 매운맛이 있어야 하는데 그저 맹탕이다. 예년 6월은 하얀 고추꽃이 피고 파란 고추가 연달아 달려 신이 났는데, 귀촌 3년 고추는 초보 농부 마음을 애간장 태운다.

동네 족장님의 진단은 명쾌하다.

"고추 모를 잘못 샀어"

다음날 종묘상에 들렀다. 자초지종, 그리고 분노.

"저희가 고추 모종을 농가로부터 잘못 샀어요. 병충해 사전 예방한다고 고추 모종에 소독한 놈을 사서 그래요. 죄송합니다."

죽고 사는 일이 아닌데 어찌하겠는가. 그 사장님 원망해도 비실거리는 고추가 살아 오지 않을 텐데 어쩌겠는가.

올해 고추 농사 망했다. 이 또한 잊으리라. 텃밭과 햇볕은 내년에도 있을 터.

하지만 이번 생은 망했다

一生敗闕

퇴직한 직장인은 인생을 뒤돌아본다. 50대, 60대에 직장을 떠나 회상한다. 직장생활 어땠는지? 결혼하여 남편 노릇 아버지 역할 잘했는지? 노후 준비했는지? 주위 분들과 인간관계 원만한지?

이번 생은 망했다고 한탄할지 모른다. 항상 부족하고 항상 미숙하고, 항상 후회하는 시간들이다. 이번 생은 망했다고 자성할지 모른다. 모순과 무능력의 삶을 후회한다. 다음 생에 더욱 현명하게 성실하게 살아가리라 다짐한다. 보이지 않고 잡히지 않는 내생(來生)으로 위안 삼는다.

과거의 회상은 후회이다.

가까운 곳에 텃밭을 마련해 보자. 땀 흘리고 생명체들과 더불어 지내자.

이번 생은 망했다는 한탄이 조금 감해질 수 있으리라.

귀촌 텃밭 정원 가꾸기로 자족(自足)하리라.

이번 생은 망했다는 무한 겸손, 착한 참회.

도시 생활 망했다며 자연의 회귀

그동안 고단한 삶을 조금이나마 위로받으리라.

이번 생에 견성, 성불하기 틀렸다는 선승의 자책

이 또한 정진이리라. 독한 다짐이리라.

이번 생은 망했다.

가사 자락 휘날리며 급히 지나가는 선승의 뒤를 쫓아가 본다.

잡초, 상생적 공존

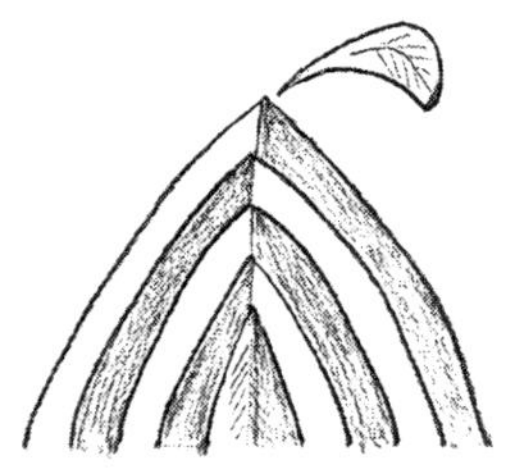

400평 밭이다. 고향, 오래전 어머니를 따라 다니며 농사짓던 추억을 실천할 기회의 땅이다. 타임머신은 몇십 년 전으로 돌아간다. 힘들던 기억이 더 용기 내게 했다. 고향으로 가지 못할 형편이라 집에서 가까운 산자락에 터전을 마련했다. 맨땅 파고, 씨 뿌리고, 필요 없는 풀 뽑고, 괜히 땀 흘리고, 작은 소출(所出)이다, 생산성 없는 놀이터로 한편 걱정과 두려움이 있다. 기쁨과 고통의 영역, 그 후자의 원인은 분명 잡초 때문이리라.

3, 4월의 땅은 냉이랑 쑥이랑 애기 망초랑 봄바람도 순하다. 6월이 되면 기온이 올라가고 잡초의 기세도 올라온다. 반갑지 않은 잡초는 서서히 광란의 춤을 춘다. 비 맞은 잡초는 농부의

의견과 무관하게 무럭무럭 자란다. 잡초를 뽑고 뒤돌아보면 또 잡초가 올라온다는 농부의 하소연은 엄살이 아니다.

잡초를 뽑지 않으면 선량한 농산물은 성장하지 못한다. 야채 채소는 잡초에게 영양분을 빼앗기고 햇살에 가려 광합성 작용을 하지 못한다. 그들의 대치는 분명 잡초의 승리로 끝나고 만다. 방치, 결국 풀 밭으로 변하고 만다. 잡초는 밑거름을 더 빨아 먹는 얌체 짓을 한다. 주객이 바뀌고 만다.

거(去)다. 잡초를 뽑는다. 그리고 잡초는 모퉁이에 모아 비닐을 덮는다. 비를 피하기 위해 주위를 꽁꽁 싸맨다. 잡초는 흙 속의 미생물을 만나 부숙(腐熟)된다. 여름 강한 햇살을 받아 발효의 과정을 거친다. 1개월쯤 지나 펼쳐 보면 잡초는 파란 곰팡이 피고 퇴비가 된다. 잘 썩은 잡초 퇴비는 토양을 비옥하게 만들고 농작물의 영양분으로 작용한다. 지력이 증대되어 농산물 병충해 예방과 수확량 증대에 순기능을 한다. 순환 농법으로 공감 능력으로 작용한다.

악이 선을 구한다. 악은 원래 악이 아니었다. 악으로 보았을 뿐이다.

잡초를 잡초로 보지 않는 안목을 가진다. 잡초도 전답의 구성원이다. 제초하여 퇴비화하는 과정을 거친다. 잡초 없는 토양은 없다. 순수하게 농작물만 성장시키는 대지는 없다. 항상 잡초와 농산물은 경쟁하고 대치하고 공생한다. 먹거리의 동질성은 없지만 나름 조화를 이루고 살아간다. 화이부동(和而不同)의 교훈이다.

과수원에서 잡초는 필요한 조건이다. 잡초에서 기생하는 익충(益蟲)이 과실수의 해충(害蟲)을 잡아먹는 먹이사슬 역할을 한다. 잡초는 수분을 간직하여 가뭄을 이기는데 도움이 된다. 사과나무와 그 아래 잡초는 상생(相生)한다.

잡초의 예방은 검은 비밀을 전답에 덮는 멀칭이 최고이다. 하지만 흙 속의 미생물 발생을 저해할지 모른다. 그리고 흙 속의 가스가 배출되지 않는다. 검은 비닐 멀칭은 대지의 호흡을 저해하지만 잡초 때문에 필요의 악이다.

인성교육을 통해 내 마음의 잡초를 제거한다. 사악하고 몰상식하고 비인격적이고 몰염치한 마음을 없애야 한다. 독서를 통해, 유명인사의 강연을 통해, 여행을 통해, 신앙을 통해 선하고 착한 존재로 거듭나야 한다. 우리 가슴에 매일 자라고 있는 잡초를 잘 정리하고 있는지 성찰의 시간을 갖는다.

보리밭에 깨달음을 뜻하는 보리(菩提)는 잘 자라고 있는지 잡초를 뽑고 밭두렁에 앉아 사색의 시간을 갖는다. 사소한 풀 한 포기에도 건강한 생명이 있다. 그런 안목을 기르는 곳이 귀촌 텃밭 생활이다.

새까맣고 노란 흙, 더러운 감촉으로 기억하지 말자. 그 흙은 호흡하여 생명을 기른다. 그 흙은 만물을 포용하여 물과 불을 모두 거둔다. 그 흙은 인간이 살아갈 수 있는 원천, 터전이다. 거친 흙은 부드러운 물성으로 숲을 만들고, 인간은 그 안에서 숨 쉬고 휴식한다.

흙에서 자란 생물들 모두 그 존재 이유가 있다. 찬찬히 쳐다보자.

* 한약재 퇴비 만들기

한약을 달이고 남은 찌꺼기를 텃밭에 뿌리면 좋은 퇴비가 된다. 농가에서 복합 비료 대신 한약 찌꺼기를 퇴비로 많이 사용한다. 그래서 인근 한의원이나 경동시장 탕전원의 한약 찌꺼기는 재활용되고 있다.

하지만 초근목피(草根木皮) 식물성 한약재이라도 퇴비로 바로 사용하면 안 된다. 한약 찌꺼기는 반드시 부숙(腐熟) 과정을 거쳐 퇴비로 사용해야 한다.

찌꺼기를 밭에 그냥 쌓아 놓고 한참 후에 사용해도 된다. 비가 내려 한약에 스며드는 과정이 반복되면 찌꺼기는 부숙되지 않고 부패(腐敗)한다. 그런 찌꺼기는 매우 독하고 역겨운 냄새가 난다. 썩은 한약 찌꺼기는 오히려 농작물에 해롭다.

그래서 한약 찌꺼기는 적당하게 판 웅덩이에 넣고 70~80도 뜨거운 물을 뿌린다. 찌꺼기를 손으로 한 움큼 잡아 약간 물이 흐를 정도로 온수를 뿌려 발효를 시작한다. 온수 뿌린 한약 찌꺼기를 비닐로 덮어 비 맞지 않게 한다. 특히 여름 고온으로 찌꺼기도 뜨거워져야 발효가 잘 된다. 50~60도까지 올라가면 최상이다. 중간에 쇠스랑으로 2~3회 찌꺼기를 뒤집어 준다. 여름 1개월 지나면 한약재는 완전 부숙되어 퇴비로 사용할 수 있다. 하얀 곰팡이가 피고 구수한 냄새가 난다. 엉긴 찌꺼기를 풀어 농작물에 거름으로 주면 친환경 농산물을 생산할 수 있다. 질소 인산 칼리, 농작물에 필요한 성분이 적절히 함유되어 있는 천연 퇴비의 탄생이다. 질병의 예방과 치료에 유익한 한약재가, 천연 퇴비가 되어 농산물의 보약이 된다.

이처럼 자연에서 부숙 한약 퇴비를 만들 수 있다. 하지만 계절 관계없이 다량 생산하려면 온도를 조절할 수 있는 발효 처리 시설을 해야 한다. 친환경 농산물의 시작은 친환경 퇴비에서 시작된다.

찌꺼기 한약재와 계분(닭), 돈분(돼지)의 퇴비와 잡초, 낙엽, 부엽토를 섞어 부숙시키면 괜찮은 퇴비가 된다. 한약 찌꺼기와 계분, 돈분의 퇴비는 식물성과 동물성의 혼합이니 그 역가(力價)가 높다. 퇴비 효능의 지속성이 생긴다. 한약재 낙엽 등 식물성 퇴비는 그 유효성분이 오래가지 못한데, 동물성 퇴비와 만나면 그 효능 가치가 상승한다. 식물성과 동물성의 혼합퇴비는 매우 바람직한 구성이다. 완성도 높은 지속성 친환경 퇴비이다. 동식물성 퇴비에 효소를 섞으면 더욱 발효가 잘 된다. 확실한 발효와 부숙 기간을 단축시킬 것이다.

삼복더위에 농산물보다 잡초 때문에 텃밭에 간다. 진입로에 무성한 잡초가 속 좋게 초보 농부를 맞이한다. 얄밉게 폭풍 성장한 잡초가 한편 반갑다. 맨땅을 파랗게 덮은 그 잡초가 한편 고맙다. 억장이 무너지는데 눈이 맑아지고 발걸음이 가볍다. **잡초의 녹색 편지이다.**

그런 심성으로 고추밭, 생강밭 잡초를 뽑는다. 잡초 없는 텃밭은 없다. 농산물만 자라게 하는 토양은 없다. 그렇게 땀 흘리고 나면 속이 시원한데 모두 잡초 덕분이다. 잡초 때문에 웃고 우는 텃밭이 정겹다.

健康

봄의 향연

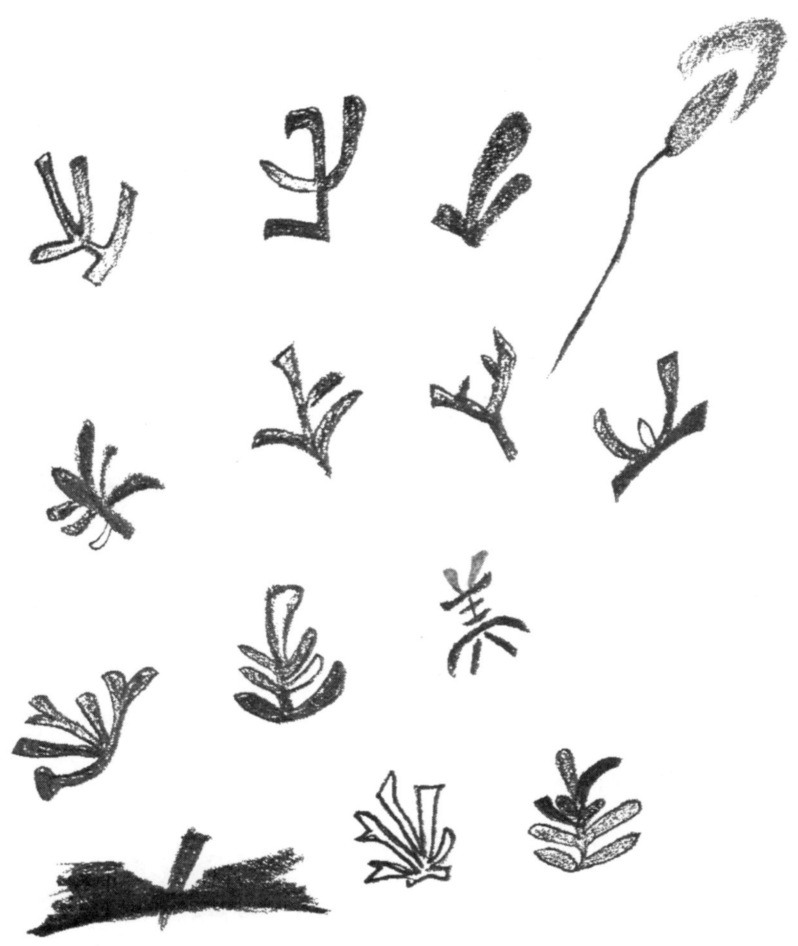

봄이 되면 초보 농부는 괜히 바쁘다. 작은 텃밭의 초보는 기대와 걱정으로 분주한데 막상 할 일이 없다. 허둥댄다. 마음이 분주하다. 초등학교 입학을 앞둔 꼬맹이가 친구랑 선생님이랑 교실이 궁금하여 잠을 설친다. 꼭 그 꼴이다.

전문 농업인도 한 해 농사를 준비해야 한다. 트랙터로 밭을 고르고 이랑을 만들고 퇴비를 뿌려 가스를 빼 밑거름을 준비한다. 작년 가을에 수확한 종자를 챙긴다. 맷돌 호박, 단호박, 땅콩, 서리태, 들깨, 옥수수 등 강한 생명력을 확인한다.

남도 하동에 홍매화 피고 섬진강 따라 노란 산수유 꽃이 만개하는 봄바람은 설렘이다. 벅찬 시간이 흐른다. 춘하추동이 확연한 우리는 절제된 자연을 즐긴다. 시골에서 사계(四季)를 즐기는 것만으로도 귀촌의 의미는 이루어진 셈이다. 시골 초보 농부에게 계절은 사유와 노력의 기회를 준다. 시골은 계절을 담고 있고, 귀촌인은 그 안에서 땀 흘리고 부대낀다. 자극, 안일하지 말자는 부단한 성찰이다. 나태를 버린 귀촌인은 열정의 시간을 보낸다.

3월 중순이 지나면 앙상한 산은 서서히 연두색으로 한 해를 시작한다. 여린 녹음의 숲, 그 사이사이 층층나무 이팝나무 하얀 꽃이 핀 초봄은 가히 경이(驚異)롭다. 저 앞산의 숲은 평온하다. 눈길만 스치지 않고 멈추는 것은 마음 때문이다. 잠시 밭두렁에 걸터앉은 농부는 연한 맑은 나무와 하얀 꽃의 순수가 어울린 그 숲으로 들어간다. 녹색의 숲을 만들기 위한 연두색은 부드럽다. 연한 생명력은 가슴으로 들어와 또 다른 생명체가 된다. 어린 숲은 차츰 성숙해질 것이다. 연한 숲의 거친 봄바람이 성장을 재촉한다. 고요한 생명을 간직한 숲은 아찔하다. 농부는 밭갈이를 잊은 채 **화려한 게으름을 즐긴다**. 아직 밭에 파종하지 않은 농부는 **숲이 전하는 착한 초봄을 수확한다**. 가슴이 포근하고, 그 안의 여유를 간직한다.

봄은 분주하지 않고 서두르지 않고 욕심이 없다. 빈 텃밭은 침묵이 내려앉아 차분하다. **간혹 찬 바람이 시골의 정적을 깬다**. 텃밭 보리밭은 맨살을 드러내고 초보 농부의 마음이 분주하다. 한 해의 농작물을 심어야 한다. 파종하고, 거름 주고, 물 뿌리고, 햇살 내리고, 농부의 정성으로 농산물은 파란 옷을 입는다. 텃밭은 차츰 숲을 닮아 간다.

그쯤 들녘에 농부가 심지 않은 나물, 새순 등이 모습을 드러낸다. 우리의 산야에 농부의 손길 없이 홀로 자란 봄의 성찬(聖餐)이 널려 있다. 씨앗 뿌리지 않고, 퇴비 하지 않고, 풀 뽑지 않고, 농약 치지 않고, 가꾸지 않아도 절로 자란 고마운 나물이 있다. 자연의 힘, 혜택이다. 인위적 친환경이 아니라 자연적 유기농이다. 그저 인간은 자연을 해치지 않고 같이 어울리면 된다. 동행이다. 가히 자연 합일(合一)이다.

* 냉이

밭두렁에 벌써 쑥이 파랗게 올라오고, 냉이도 어김없이 향긋하게 얼굴을 내민다. 작년 그 냉이가 대지에 씨를 묻고 뿌리 내리고 새해에도 인사를 한다. 반갑고 고마운 존재들. 농부에게 봄을 알리고 계절을 선물한다. 작지만 뿌리 곧은 냉이의 향기는 그만큼 깊다.

냉이를 캐 신나게 나물무침을 했다. 그런데 쓴맛이 강해 먹을 수 없을 정도이다. 나물이 아니라 독초인지 의심스럽다. 할 수 없이 동네 어르신들에게 그 아픈 사정을 이야기했다. 냉이와 유사한 '지칭개'를 캔 것이다. '나숭개'인 냉이는 작은 잎에 보라색이 돋는다. 캐 보면 노란색 뿌리가 곱다. 그런데 지칭개는 앞뒤 잎에 잔털이 있고, 캐보면 뿌리 윗부분이 검다. 지칭개가 크면 키 큰 엉겅퀴 같은 꽃이 핀다. 지칭개도 먹을 수 있는데 오랜 시간 물에 담가 쓴맛을 빼고 오래 삶아야 한다.

냉이는 봄을 알리고, 농부는 냉이를 통해 봄을 느낀다.

봄나물의 으뜸인 냉이 제채(薺菜)는 소화기능을 돕고[和脾], 부종을 빼는 이뇨작용, 지혈 효능이 있고 눈을 맑게[明目]한다. 냉이의 성질이 평범하여 부작용 없이 먹을 수 있는 나물이다(출처: 중화본초).

냉이는 살짝 데쳐 간장과 액젓으로 간하고 다진 마늘과 쏭쏭 썬 파로 버무리면 봄 향기 가득하다. 봄을 먹는다. 농부의 손길 없이 혹한을 이기고 올라온 봄나물이 고맙다. 값을 매길 수 없는 고마움, 즐거움이다.

* 민들레

민들레 민들레 피어나 / 봄이 온 줄 알았네 / 잠든 땅 목숨 있는 건 / 모두 다 눈부시게 피어났다네 / ...... / 눈 덮인 겨울산에서 시름 앓고 울었네 / 길고도 추웠던 겨울 견디어 / 화사하게 피어났다네 (「민들레」, 이연실)

누가 알까 그대 소리 없는 웃음의 뜻을 / 누가 알까 그대 흩트리는 만 가지 꿈을 / ...... /큰 바람에 그대 소리치며 쓰러져 울고 / 다시 눈떠 그대 부활하는 노랑 민들레. (「노랑 민들레」, 양성우)

"나 어릴 땐 철부지로 자랐지만/지금은 알아요 떠나는 것을/엄마품이 아무리 따뜻하지만/때가 되면 떠나요/할 수 없어요" (「하얀 민들레」, 신봉승)

민초(民草)들의 상징인 민들레는 시가 되고 노래가 되었다. 그리고 하찮은 풀포기에서 삶을 반추하고 자신을 본다. 길가의 하얀 민들레는 중하고 귀하다. 바람 따라 흩어지는 수술을 바라본다. 강한 생명이 허공을 난다.

그 꽃을 보면 왠지 외롭고 괜히 슬프다. 먼 추억을 회상하게 하는 꽃말이 있다. 내년에 또 새 생명을 잉태하라고 주문한다. 같이 지내자고 손을 내민다. 자주 만나자고 미소를 보낸다.

꽃이 피기 전이나 후에 잎과 뿌리를 채취 건조한 민들레는 한약재 포공영(蒲公英)이다. 대표적인 소염 효능으로 각종 세균의 억제작용이 있다. 담즙분비와 항종양, 면역조절, 항산화작용이 있다(중약대사전). 몸이 더운 체질의 암 환자에게 권하고 싶은 나물이다. 차가운 성질이 있어 꼭 뜨거운 물에 데쳐 먹어야 한다.

* 두릅

보리밭 뒤편에 두릅나무가 있다. 번식력이 강해 작은 밭을 이룬다. 4월이 되면 파란 싹이 맨 끝에서 핀다. 엄지손가락만 한 첫 두릅이 나오면 풍요롭다. 한동안 달콤하고 쌉쌀한 미각을 즐기리라. 4월이면 기다려지는 향긋한 선물이다. 매년 두릅이 나올 때 친구들이 놀러 온다. 좁은 농막에서 데쳐 먹고 무쳐 먹고 추억과 막걸리에 취한다. 두릅 향인지 사람 향인지 모른다. 시끄러워 농막이 주저앉을지 모른다. 조용한 텃밭이 가끔 소란스러운 것은 간주곡이다. 후렴에 들어가기 전 목소리를 푼다. 보리밭의 밤은 향긋하게 익어 간다.

두릅은 생명력과 번식력이 강하다. 쓰면서 고소한 풍미가 입 안 가득하다. 쓴맛은 분명 소화기능에 좋을 것이다. 병충해 없어 농약하지 않고 거친 땅에 시비(施肥)하지 않아도 잘 자란다.

막걸리를 데친 두릅이랑 마시면 세상을 얻은 기분이다. 채취 시기를 놓쳐 순이 퍼진 두릅은 고기랑 곁들여 기름 두르고 철판에 전으로 요리해서 먹으면 별미이다.

봄이 반갑고 두릅이 고맙다. 하지만 2~3주 지나면 억센 가시가 돋아 헤어져야 한다. 내년을 약속해야 한다.

땅두릅은 한약재 독활(獨活)의 새순이다. 독활은 신경통 관절염의 대표적인 진통효능이 있다.

* 엄나무

엄나무 껍질은 한약재 해동피(海桐皮)로 관절염 신경통의 대표적인 진통 효능이 있다.

두릅나무과인 해동피는 4~5월 껍질을 채취하여 가시를 긁어 낸 다음 건조 약재로 사용한다.

가시 달린 해동피는 닭백숙 삶을 때 넣으면 그 국물이 시원하다. 엄나무의 쓴맛이 기름기의 느끼함을 감(減)한다.

두릅나무 새순이 나면 엄나무도 새순이 올라온다. 엄나무는 두릅에 비해 훨씬 키가 크다. 사다리를 타고 올라가 도구로 가지 끝에 있는 어린 순을 따야 한다. 나뭇가지 끝의 부드러운 순을 식용한다. 끓는 물에 살짝 데쳐 나물로 먹는데 아주 고급으로 알려져 있다. '두릅나무 순 팔아 엄나무 순 사 먹는다'는 이야기가 있다. 두릅 순보다 엄나무 순이 더 고급이라는 평가이다. 두릅 순은 쓴맛이 강한 반면 엄나무 순은 부드러우면서 은은한 쓴맛이 있어 식감이 좋다. 중도(中道)의 미(味)라 표현하고 싶다.

잠깐 한철 나오는 새순이니 간장에 담가 숙성시키면 그 쌉쌀한 봄 기운을 오래 즐길 수 있다. 저린 봄철 순은 고기에 곁들어 먹으면 고기의 느끼한 맛을 없애주고 식감을 돋운다. 엄나무 순을 먹을 수 있으면 자연으로부터 대우받은 것이다. 봄으로부터 선물 받은 것이다.

옆 밭에 키 큰 엄나무 몇 그루 있는데, 그 주인 어르신과 아주 친하게 지낸다. 그 어르신을 만나면 엄나무가 어른거린다. 초보 농부는 염치와 겸손을 버린다.

* 옻나무 순

옻은 닭백숙의 재료로 사용하여 널리 알려져 있다. 하지만 옻나무 말린 껍질[乾漆]은 효능 높은 항암제이다. 면역력을 증진하면서 암세포의 증식을 억제하고 발생을 예방한다.

① 옻은 매우 따뜻한 성질이 있어 몸이 냉하면서 소화기가 약한 경우에 많이 사용한다. 몸이 차가우면서 식욕이 없고 자주 소화불량이 발생하는 사람은 옻만 달여 복용해도 많은 효과를 본다. 옻이 몸을 따뜻하게 하고 위염 위궤양을 치료하고 소화 기능을 촉진한다. 헬리코박터균의 억제 효능이 있다. 만성 위장병으로 고생하던 사람들이 옻으로 위장병을 고친 사례는 매우 설득력 있다.

② 항암효능이 있는 대표적인 한약이다. 실험동물뿐만 아니라 임상에서 현대의학에서 치료하지 못하는 말기 암 환자의 치료 사례가 발표되었다. 주성분인 우루시올(urushiol)이 활성산소를 억제하고 암세포의 신생혈관 형성을 억제한다. 특히 몸이 냉한 환자에게는 더욱 유효하다.

두릅이 나오고, 그 다음 옻 순이 올라온다. 생으로 고기쌈으로 먹기도 하지만 약간 독성이 있어 살짝 데쳐 나물로 먹으면 쌉쌀한 맛과 영양이 있다. 옻에 예민한 사람은 옻 순을 먹으면 이 역시 두드러기, 가려움증 등 이상 반응이 나타난다. 간 기능이 약하거나 소양인 체질은 특히 금해야 한다.

9월초 쯤 옻 나무 열매가 줄기에 탐스럽게 매달린다. 포도 보다 작은 옻 열매를 채취, 건조하여 차로 달여 마신다. 독한 술에 담가 마시기도 하는데 병 주고 약 주는 격이다.

음식이면서 질병의 예방 치료의 효능이 있다.

* 다래 순

좀 서늘하고 습윤한 산림 주변에 잘 자란다. 넝쿨 식물로 7m까지 줄기가 한없이 뻗어 지지대 해주면 여름 그늘까지 만들어 준다. 요즘 품질 개량종이 나와 당도 높은 큰 다래를 맛 볼 수 있다.

다래 잎과 뿌리는 미후리(獼猴梨)라 하는데 열을 내리고 위장을 튼튼하게 하고 이뇨와 지혈작용이 있다. 산모 젖의 분비를 촉진하고, 관절통에도 유효하다.

특히 다래나무 뿌리는 항암효능이 있어 다래순, 다래, 다래

뿌리를 식욕 약용하면 이롭다(중약대사전).

어린잎을 따 소금 끓는 물에 살짝 데쳐 양념해 먹는다. 부드럽고 약간 쌉쌀한 맛이 일품이다. 그 맛을 잊지 못한다. 봄의 다래순은 매우 특별하다.

* 망초

어쩌면 잡초에 불과한데 왠지 친근하다. 무리 지어 자라는 성질 때문인지 그 이름을 망초(莽草)라 했다. 풀 무성할 망(莽)이니 번식이 강한 풀이다. 망초에게 망(亡)할 놈의 풀이라 부르면 실례이다.

신농본초경에 수록된 약재로 맛이 달고 그 성질이 따뜻한데 독성이 있다. 신경성 두통, 종기, 인후염, 피부 가려움증 등의 효능이 있다(중약대사전).

이른 봄 어린잎을 채취하여 꼭 끓는 물에 데쳐 나물로 먹는다. 고추장과 된장을 반반 넣고 들기름과 참깨를 첨가하여 무치면 깊은 맛이 있다. 부지런한 농부는 고라니가 먹기 전에 망초 연한 새순을 딴다.

* 별꽃나물

고추를 심기 위해 이랑을 만들고 있는데 옆집 주민이 인사를 한다.

"그 풀 같은 나물이 무엇인지 아세요? 그냥 잡초가 아니니 버리지 마시고 나물해 드세요. 이름도 예쁜 별꽃나물이에요."

초보 농부는 괜히 뒤통수를 긁는다. 그렇게 잡초가 나물이 되었다. 이랑을 만들며 잡초인 줄 알고 뽑았던 그 풀이 식탁을 풍요롭게 하는 나물이 되었다.

아주 여린 나물이다. 데치지 않고 생으로 양념해 무쳐 먹으면 상큼하다. 부드러우면서 향긋한 식감이 좋다. 가볍지 않은 향으로 봄을 충분히 느낄 수 있다.

* 머위

이른 봄 혹한을 뚫고 머위 순이 올라오면 들녘에 봄기운 가득하다. 어린 순을 따 데쳐 나물로 먹는다. 성질이 차가워 생으로 먹으면 설사할 수 있어 꼭 데쳐 먹어야 한다. 어린잎이 마치 곰취 같이 생겼고, 그 곰취 못지않은 풍미가 있다. 식욕을 돋우는 쓴맛과 고소한 맛이 적절하다. 어린잎도 쓴맛이 강하여 1분 정도(곰취는 10초정도) 삶아야 한다. 5월이 되면 잎이 진한 녹색으로 변하고 줄기가 굵어져 잎을 나물로 먹기 부담스럽다. 잎은 쓴맛이 강해 식용하기 어렵고 대신 굵은 줄기를 식용한다.

여름이 다가오면 머위 줄기가 제법 굵어진다. 껍질을 벗겨 끓는 물에 5분 정도 삶고, 먹기 좋게 잘라 멸치액젓 진간장으로 간을 하고, 멸치 다시마 육수에 넣어 몇 분 달달 볶다 들깨가루 넣어 마무리하면 별미가 된다. 고향 생각 저절로 난다.

머위의 한약명은 봉두채(蜂斗菜)로 줄기와 뿌리를 사용한다. 맛이 쓰고 해독하고 어혈을 없앤다. 옛날 뱀에 물리면 머위 뿌리를 찧어 상처 부위에 도포 해독하였다.

요즘 항암효과가 있다며 생 머위 뿌리를 즙 내어 먹는데 잘못된 상식이다. 차가운 성질의 머위 뿌리가 오히려 해로울 수 있다.

어느 마을 사람은 머위의 잎, 줄기, 뿌리가 암 환자를 치료하고, 암에 걸리지 않는다고 한다. 절대 그렇지 않다. 식이요법의 잘못된 상식으로 오히려 증세를 악화시킬 수 있다.

특히 몸이 냉한 사람은 꼭 삶아 차가운 성분을 완화해야 한다.

* 쑥

잘 숙성된 된장에 쑥을 넣어 끓인 쑥국을 먹어 보았는가? 그 은은한 향기에 홀딱 반하고 만다. 진하지도 않고 연하지도 않은 묘한 향기가 미각을 자극한다. 작은 쑥에 온 자연이 다 들어 있다.

차갑지도 덥지도 않은 봄바람 맞으며 쑥이 올라온다. 마을 사람들 너나없이 밭두렁의 쑥을 캔다. 봄을 캔다.

애엽(艾葉)인 쑥은 중요한 약재이다. 위액 담즙분비촉진작용이 있어 소화 기능을 돕는다. 몸이 냉하고 소화력이 약한 사람과 냉대하, 생리통, 월경불순의 여성들은 꾸준히 쑥차를 마시면 좋다. 쑥차가 번거로우면 한철 쑥국을 요리하면 맛과 건강에 이롭다. 호흡기의 천식 기침 가래를 치유한다. 항알러지, 돌연변이 억제, 항종양, 항균작용이 있다.(운곡본초학)

어린 쑥은 식용 쑥떡 쑥국으로, 성장기의 쑥은 내복약(한약)으로, 노령기의 쑥은 뜸쑥이나 모기살충약으로 사용한다.

모기나 벌레들이 많은 여름에 말린 쑥을 태운다. 농부의 캠프파이어는 좀 특이하다. 쑥 향기가 텃밭에 가득하다. 쑥 향기에 농부의 근심 걱정도 사라진다.

내년에는 지천에 널려있는 쑥 한 소쿠리 캐 쑥떡을 해 먹어야겠다. 기대된다.

『향연(饗宴 Symposium)』은 소크라테스 제자인 플라톤의 저서이다. 기원전 이야기들의 집대성이니 아주 오랜 사유이다. 에로스 사랑을 다양한 의식으로 대화한다. 물론 결론 없는 토론이지만 그 옛날 이처럼 다양한 의견을 주고받은 사랑론이니 놀랍다. 철학자는 에로스에 대한 고민을 담고 있다. 철학은 지혜를 구하는 학문이라니, 사랑을 통해 삶의 지혜를 제시하고 싶었을 것이다.

텃밭 생활, 이른 봄 들녘의 나물무침 안주 삼아 마을 주민들과 막걸리 마시며 도란도란 이야기 나누면, 이 또한 심포지엄이다. 향연, 의식의 축제, 말의 성찬이 있으면 텃밭은 더욱 풍요로워진다. **귀촌을 통해 농산물을 키우고 식견(識見)을 키운다.**

향연이 멀리 있더냐? 우리 가까이, 우리 곁의 소박한 파티이다. 데친 두릅과 대화 안주 삼아 막걸리 마시며 향연을 즐기자.

차고 넘치는 시골 들녘의 나물들이랑, 마을 주민, 친구들이랑 한바탕 향연을 즐겨보자.

케어 팜(care farm)

귀촌의 제일 큰 목적은 무엇일까? 아무래도 건강이다. 중년들의 터전이니 경제보다 소일과 건강을 위해 시골살이를 선택한다. 정신과 육체의 안녕 상태를 갈구하는 계기를 마련한다. 경쟁이 없고 바쁘지 않은 시골 흙과의 만남은 제2의 삶이다. 사람이 아닌 자연과의 희로애락이니 시간과 공간이 착하다. 밉고 싫은 자연이 필경 친하게 된다. 간혹 거친 자연도 그저 자연일 뿐이다.

힘든 질병에 걸리면 병의원, 의료인 신세 지지만, 이 또한 어려우면 자연에 의지한다. 그리고 그 속에서 희망을 찾는다.

암, 치매, 중풍, 파킨스씨 병,

생사를 초월한 마음과 유기농 텃밭 채소, 흙집 구들장, 맑은 공기, 오염되지 않은 물, 친환경은 난치 불치의 질환과 대치한다. 그리고 치유, 제2의 삶을 산다.

귀촌의 힘이다. **텃밭은 녹색 처방전이다.** 그 처방은 알려진 비방이다.

의료인의 처방 없이 자연에서 치유된 사례 차고 넘친다. 자연을 역행하여 발생한 현대 성인병, 자연에 순응하여 치료되는 것은 사실 기적이 아니다. 그저 자연의 이치를 거스르지 않은 정직한 사유일 뿐이다. 자연을 통해 절망이 희망이 된다.

대개 이런 삶의 터미널(terminal) 과정을 거치는데, 텃밭에서 좀 다른 일몰을 맞이한다. 현대의학을 이용하지만 결국 자연과 더불어 생을 정리하는 의연함이 있다. 자연으로 돌아갈 삶, 자연과 더불어 극복하는 지혜가 있다.

귀촌을 꿈꾸고, 텃밭을 가꾸는 사람들은 거의 여가와 건강 때문이다. 친환경 채소 역시 이 범주에 속한다.

텃밭 자연은 진단과 치료의 영역을 갖는다.

* 네덜란드의 통합 돌봄

만성 질환 환자는 가능하면 병원에 입원하지 않고 사망 전까지 집에서 머물 수 있기 바란다. 알코올 냄새나고, 식사 맞지 않고, 잠자리 불편하고, 주위 환자들과 부딪치는 입원 생활 고단하다. 중증 질환으로 코에 관을 꽂고 진통제 맞으며 차가운 병상에서 최후를 보내는 것은 가혹하다. 평소 살던 환경에서 지내면서(aging in place) 질병을 극복하고 싶다.

집 가까이 텃밭이 있어 치매 노인이 상추를 키우고, 암 환자가 곡괭이질을 한다. 네덜란드에 건강을 위한 농장인 케어팜(care farm)이 1,400개가 운영된단다. 흙을 통해 질병을 극복하고, 채소를 키우며 자신의 질병을 잊는다. 맑은 산소를 마시며 면역력을 증진한다. 질병의 원인인 활성산소를 억제하고 원기를 생성한다.

흙, 녹색, 바람과 지내면 고통을 잊고, 그들로부터 위로 받는다.

네덜란드는 중환자들 병원 신세보다 '집에서 더 오래' 프로그램을 도입하고 지역 간호사를 활용해 노인들이 집에서 건강관리를 하여 독립적으로 건강관리하고 질병을 극복하도록 지원하고 있다.

그래서 네덜란드인들이 병원에서 사망하는 비율이 26%인 반면 한국은 70%이다.

난치병 진단받았다고 병원에만 의지하지 말자.

어쩌면 자연은 큰 의료 시스템이다. 저비용 고부가가치의 요양 공간이다.

건강한 사람은 텃밭에서 건강을 유지하고, 질병이 발생하면 텃밭에서 적당히 땀 흘리며 질병을 극복하는 지혜를 갖는다. 환자 홀로 극복하지 못하는 고통은 지역의료인이 가정을 방문 응급처치하여 평소 지낸 집에서 말년을 보내는 의료 체계이다. 집에서 늙고 죽을 권리이다.

텃밭이 있는 집에서 말년을 보내는 여유로움, 죽음을 호들갑 떨지 않고 긍정적으로 받아들이는 의연함. 말년 요양병원, 요양원, 종합병원 중환자실 신세지 지 않고 자연과 더불어 임종하는 지혜로움.

하늘, 숲, 햇볕, 흙. 바람, 자연이 생사를 포옹한다.

* 한적한 오후다

어느 시인이 남긴 마지막 시어는 울컥하다. 오랫동안 투병한 시인은 죽음을 앞두고 의식이 희미해져 현생과 이별을 알리고 싶었다. 말할 힘조차 없던 시인은 임종을 지켜보는 제자의 손바닥에 시를 새겼다. 영특한 제자는 그 시를 기억하고 세상에 전했다.

유족들은 고인의 뜻에 따라 어느 사찰 수목림에 조용히 안장했다. 시인은 한 그루 나무 밑에 조용히 잠들었다. 평장(平葬), 작은 대리석에 고인의 마지막 시를 새겼다.

한적한 오후다
불타는 오후다
더 잃을 것이 없는 오후다
나는 나무속에서 자본다

텃밭은 생(生)과 사(死)가 공존한다. 우리들의 마지막 여정까지 준비한다.

텃밭 한 모퉁이 양지바른 땅, 곤히 잠들 꿈을 꾼다.

뭘 심지?

시골 텃밭을 샀다. 초보 농부, 작은 농민이 되었다. 어릴 적 거북선 선물을 받은 꼬마는 이순신 장군이 되었었다. 물 위를 통통거리며 항해하는 거북선의 선장이 되었다. 즐겁게 잠을 설친다.

내 영토가 확보되어 소유욕, 성취욕, 과시욕, 도전 등 옹골진 언어들이 의젓하게 소환된다. 순수한 욕심은 탐욕이 아니고 열정이다. 특히 앞으로 그 전답에서 어느 작물을 심을지, 무슨 나무를 가꿀지 기대 가득하다. 내 손으로 직접 가꾼 야채 채소를 먹을 상상에 가슴 벅차다. 파종, 파란 발아는 생명이니 울컥하다. 오래전부터 꿈꾸던 상상이 현실이 된다. 소박한 소유, 가슴이 커진다.

크지도 작지도 않은 밭에 심을 작물을 생각해 본다. 우선 봄에 뜯어 먹을 수 있는 상추가 떠오른다. 파릇한 상추로 쌈해서 먹을 상상만으로도 미각이 즐겁다. 부드러우며 고소한 상추는 상큼하다. 씨앗을 뿌려 올라오는 새싹은 새 생명이니 농부에게 새 기운이다. 농약하지 않고 햇살과 바람과 물로만 성장한 상추는 식탁을 풍요롭게 한다. 마트의 상추는 답답한 비닐하우스 태생이라 풍미가 덜 하다. 맨땅에 씨앗 뿌려 광합성작용으로만 자란 상추는 신비롭다. 초보 농부의 착한 정성이다.

상추, 그다음 농산물을 생각한다. 깻잎, 쑥갓, 양배추, 양상추, 브로콜리, 오이, 가지, 고추, 당근, 감자, 고구마. 등등 그 많은 채소와 야채를 부른다. 부른 만큼 배부르다. 행복한 고민. 즐거운 비명. 소박하지만 확실한 행복. 나만의 공간, 가족의 식탁이다.

초보 농부는 ① 키우기 쉽고, ② 누구나 먹을 수 있고, ③ 병충해에 강하고, ④ 풀 적게 나 관리하기 편하고, ⑤ 미각뿐 아니라 시각도 즐거운, ⑥ 영양과 건강에 이로운 식물을 선택해야 한다.

초보 운전은 굴곡 없는 쉬운 코스로 다녀야 자꾸 운전하고 싶어진다. 초보가 욕심부리면 사고 난다. 촐랑대는 초보는 다친다.

농산물 선택의 1조는 집에서 먹을 먹거리이다. 식구들이 먹을 농산물을 심으면 애정을 갖고 재배할 수 있다. 비싸고 생산량 많고 경제성 있는 농산물을 재배하는 것이 아니다. 즐길 수 있고 작은 수확이면 만족한다.

건강을 위한 농산물, 맞춤 먹거리를 찾자.

그래서 한의학의 사상의학(四象醫學)을 소개한다. 가족 체질에 따른 농산물을 심으면 텃밭이 더욱 풍요로워진다. 가족의 먹거리이니 작은 정성이지만 큰 수확이다. 더 이상 바람이 없다. 가족의 농산물이니 농약 살포하지 않고, 풀 열심히 뽑고, 가뭄에 물 주고 정성을 다한다. 작물은 농부의 발걸음 소리 듣고 자란다니 열심히 밭을 찾는다.

우선 체질은 체질 전문한의사도 헤맨다. 체질 감별이 어렵지만 분명 체질은 존재한다. 인체 각기 다른 성질, 성정이 있다. 그래서 감별이 어렵지만 그만큼 유익하다. 체질 따른 농산물을 재배하려면 먼저 각자 체질을 알아야 한다.

태양인 태음인 소음인 소양인, 나는 어느 체질인가?

일단 자가 진단해 보자.

태음인- 소고기, 소음인- 닭고기, 소양인- 돼지고기.

각기 체질에 맞는 고기이다. 태음인은 소고기를 먹으면 속이 편하고 대변상태도 좋다. 태음인이 삼겹살 먹으면 포만하고 설사하기 쉽다. 반대로 소양인이 소고기 먹으면 속이 더부룩한데 돼지고기 먹으면 속이 편하고 피부가 윤택하다.

그런데 일반인들에게 이런 체질 고기를 설명하면 '고기는 모두 속이 편해요. 없어서 못 먹어요.'

참 환장할 노릇이다. 난감하다.

할 수 없이 한약 복용으로 체질 감별한다. 체질 전문 한의원에 내원하면 체질 감별하고, 확진을 위해 2일분 정도 한약을 처방한다. 그 한약을 복용하고 반응을 살펴 진단의 정확성을 높인다.

주위에 체질에 관련된 정보가 많다. 땀의 유무, 몸의 더위 추위에 대한 반응, 체형, 성정, 음식의 반응 등을 보고 본인의 체질을 감별하는 재미가 있다. 하지만 그 정도의 상식으로 체질 감별이 쉽지 않다. 체질의 진단이 잘못되면 무시하는 것 보다 못하다. 겸손하게 접근하자.

* 태음인

호박 – 길쭉한 애호박, 둥근 맷돌호박, 작지만 고소한 단호박 모두 태음인에게 이롭다. 양지바른 경사면에 심으면 여름내 애호박을 따 먹을 수 있고 가을까지 햇살을 먹고 잘 자란다. 늦가을 서리 내리기 전까지 무한정 잘 자라고 열매도 많이 맺힌다.

먹고 남으면 말려 호박고지로 보관해도 좋다. 초여름 애호박잎을 밥솥에 넣어 쪄 강된장으로 쌈해 먹으면 별미이다. 맷돌 호박은 된장찌개로 적합하고 애호박으로 볶음이나 호박전으로 먹으면 텃밭 생활의 보람을 느낄 수 있다. 밑거름만 충분히 주면 병충해 없는 호박은 효자 작물이 된다. 노력에 비해 기쁨을 많이 준다. 늦가을의 노란 늙은 호박은 저장해 호박떡이나 호박죽으로 겨우내 먹을 수 있으니 땅을 많이 차지하지만 심지 않을 수 없다. 가을 늙은 호박을 푹 삶아 즙 내어 두고두고 먹으면 건강식이다.

감자 – 병충해에 강하고 무성한 잎 때문에 잡초도 자라지 않아 고마운 작물이다. 감자는 미각보다 왠지 소설을 떠오른다. 김동인의 소설 『감자』속의 복녀는 20세 연상의 홀아비에게 80원에 팔려간다. 가난과 배고픔을 이기기 위해 먹었던 감자. 하지만 하지(夏至)쯤 맨발로 감자 캐는 재미는 귀촌인의 풍요이다. 노동이 아니라 대지와의 부드러운 교감이다. 햇살만큼 오진 감자를 캔다. 고단함이 아니고 즐거움이다.

콩 – 밭 울타리에 심으면 경계 역할도 하고 그리 손이 가지 않아 편하다. 척박한 땅에 잘 자란다고 하지만 웃거름을 주어야 좋을 것 같다. 콩을 재배해 보니 타작이 제일 어렵다. 첫서리 오기 전에 뽑아 건조하여 멍석에 눕혀 장대로 두들겨 콩만 골라내는 일이 어렵다. 건조 시기 늦가을에 비가 내리기도 하고 타작할 때 일어나는 먼지는 숨 막힌다. 멍석에 쌓인 콩잎과 뒤엉킨 콩만 골라내기 참 어렵다. 초보 농부에게 콩 농사 만만하지 않다.

직접 수확한 콩을 밥 지을 때 같이 넣으면 건강과 맛이 좋고, 콩강정은 겨울 간식으로 으뜸이다. 콩 수확 과정이 어려워 대신 마트에서 깨끗하게 비닐 포장된 콩을 사면 된다. 혹시 마음이 변하면 내년에 다시 콩을 심을지 모른다. 척박한 땅에 올라오는 콩의 새순이 계속 눈에 밟히기 때문이다.

마 – 시장에 가면 야구방망이처럼 길쭉한 장마와 손바닥 모양의 참마가 있다. 한약명 산약(山藥)으로 불리는 마는 태음인의 건강식으로 으뜸이다. 그 긴 뿌리가 땅 깊이 내려가 수확이 쉽지 않다. 대농은 굴착기로 마를 캔다. 마는 냉장 보관하면 쉽게 상해 고구마처럼 실온에 보관한다.

감자 모양의 열매마는 땅이 아닌 줄기에 열려 하늘마라고도 한다. 새순이 올라갈 수 있도록 유인망을 설치해야 한다. 아치형의 철조물을 설치하고 사이사이 노끈을 연결하여 줄기가 올라갈 수 있도록 해준다. 가을에 진한 갈색의 어린이 손 크기의 마가 줄기에 매달린다. 찌면 고구마 같은데 맛이 진하고 고소하다. '산속의 장어'라니 남성들에게 좋다.

생마는 갈아 먹고, 감자 고구마처럼 쪄서 먹어도 식감이 좋다. 껍질을 벗겨 건조하여 분말로 보관하면 두고두고 먹을 수 있다. 번거로운 과정이지만 본인과 가족 건강을 위한 식단이다. 특히 당뇨병으로 혈당 조절이 안 되는 분들에게 추천한다. 꾸준히 먹으면 혈당 조절과 대장 연동운동에 도움이 된다. 태음인 장수 식품으로 추천한다.

옥수수 – 씨앗을 뿌리면 잘 자란다. 병충해 없는 옥수수를 먹고, 그 수염은 말린다. 수염은 옥수수의 꽃으로 좋은 효능이 들어 있다. 말린 수염은 차로 마시면 고소하고 건강에 이롭다. 특히 부종있는 분들에게 권한다. 태음인 부종에 늙은 호박씨 긁어내고 그 안에 옥수수 수염을 넣고 쪄서 그 추출액을 마시면 영양과 이뇨작용이 탁월하다. 강한 항생제 이뇨제 먹지 않고 자연에서 치유를 구할 수 있다.

도라지 – 파종하면 싹이 올라오지 않아 몇 번 실패했다. 할 수 없이 온실 포트에 씨앗 넣고 겨우내 물을 주면서 키워야 한다.

젓가락 크기 새순이 올라오면 봄 밭에 이식하여 애지중지 키운다. 도라지 길경(桔梗)은 4~5년 키워야 약성이 있다. 물론 그 안에 식용으로 채취하여 먹어도 쌉쌀할 맛을 즐길 수 있다. 기관지 폐 호흡기에 작용하니 태음인 기침, 가래, 심지어 기관지천식, 폐렴 등에 효능이 있다. 폐 질환 예방, 면역력 증진으로 식용 약용해도 좋다. 특히 여름철 키 큰 도라지의 보라색 꽃이 그립거든 밭 한구석에 심으리라. 보라색 도라지는 정원과 농장에서 환영받는다. 꽃의 시각과 뿌리의 미각을 즐길 수 있다.

율무 – 의이인(薏苡仁)은 한의원에서 태음인에게 가장 많이 사용하는 약재이다. 평소에 밥 지을 때 율무를 넣어 지으면 건강식단이 된다. 항종양 효능이 있으니 태음인 암 환자는 꼭 챙겨야 한다.

물론 체지방 분해 성분도 함유되어 있어 과체중의 지방 분해 효능으로 체중감소가 된다. 비만인 습(濕)을 제거한다. 이뇨작용으로 부종, 배뇨 곤란 등에 사용한다.

피부의 불순물을 제거하고 윤택하게 하여 분말을 마사지 팩으로 사용한다. 요구르트 등에 혼합하여 얼굴 마사지하면 각질이 벗겨지고 피부가 부드러워지는 것을 확인할 수 있다. 또한 미백 효과로 피부 미용에 사용한다. 건강에 유익하여 분말로 준비하여 꾸준히 율무차, 율무죽으로 먹어도 좋다.

곤드레 – 파종하여 1년, 2년에 걸쳐 수확이 가능하고 가을에 씨앗이 떨어져 다년간 수확할 수 있다. 병충해에 강하고 잎이 무성해지면 풀이 덜 올라와 관리도 편하다. 곤드레 양념장으로 비빔밥 해 먹으면 별미이다. 섬유질 많고 영양소 많아 건강식이다. 수확기에 채취하여 건조 1년 내내 먹을 수 있는 장점이 있다.

무 – 가을 무는 김장용이지만 저장하여 오랫동안 먹을 수 있다. 무씨를 직파하는데 땅벌레가 어린순을 잘라버려 친환경 재배가 쉽지 않다. 물론 땅벌레 살충제를 미리 토양에 뿌리고 씨앗을 뿌리면 새순이 건강하게 올라오는데 가족이 먹을 채소이니 유혹을 떨쳐야 한다. 다행히 요즘 친환경 살충제가 나왔지만 화학 농약에 비하면 그 효과가 미미하다. 주위 농가를 보면 배추 무 재배시 2차례 농약을 살포하여 반듯한 채소를 수확한다. 친환경 농산물을 고집하는 초보 농부는 몇 차례 씨앗 뿌리고 겨우 반타작하여 만족한다.

무청 역시 버리지 않고 요리한다. 세척하여 말리거나, 끓는 물에 데쳐 말리면 오랫동안 먹을 수 있다. 섬유질 많은 대표적인 식품으로 장운동을 도와 건강식이다. 성인병 예방 등 장수 식품으로 추천하고 싶다. 무청을 처마 밑에 주렁주렁 매달아 말리면 시골 풍경이 풍요롭다. 늦가을 바람은 살랑살랑 무청을 스친다. **풍요와 추억이 처마에 걸친다.** 무는 주산물(主産物)이고 무청은 부산물(副産物)인데, 부산물이 더 건강식이다.

배 – 태음인 대표적인 과일이다. 사각사각하고 시원한 맛이 열 많은 태음인에게 좋다. 필자는 앞뜰에 접목 신고배 4그루를 심었다. 접목(接木)이 실생목(實生木)보다 병충해에 강하고 성장이 빠르고 과일 맛이 좋다. 4년생을 심어 내년에는 첫 과일이 열릴 것 같은데 병충해 방제가 문제이다. 농약하지 않고 수확해야 하는데 과일 농사 초보라 걱정이다. 어차피 병충해의 도전은 각오했으니 친환경 방제를 공부해야 한다. 초보 농부는 배나무와 함께 차츰 키가 클 것이다. 농약 살포할 생각이면 과일 심지 말자. 과일이 4계절 마트에 널려있다.

(위 생각은 1년여 전 글인데, 지금은 아예 심지 말라고 당부하고 싶다. 벌레들이 나뭇가지와 잎에서 잔치를 벌인다. 초보는 무대책이다. 매달린 2개의 배가 겨우 탁구공 정도에서 성장을 멈추고 차츰 갈색으로 변하면서 낙과할 채비를 한다. 멀리하자)

밤 – 밤을 말린 건율(乾栗)은 한의원에서 많이 사용한다. 호흡기 기능이 약한 태음인에게 꼭 필요한 약재이다. 평소 기침 가래에 폐와 기관지 기능을 도와 증상을 호전시킨다. 평소에 간식으로 군밤을 꾸준히 먹으면 호흡기의 면역력이 증진된다. 나이든 어르신은 찌거나 구워서 먹어야 좋다. 생밤을 장기간 먹으면 오히려 폐를 차갑게 할 수 있다. 맛 좋은 밤을 따면서 가을 수확의 기쁨을 즐길 수 있다.

호두 – 인간의 뇌 구조와 비슷하여 건망 치매 예방에 좋다. 하지만 호도 몇 개 먹었다고 만족하면 안 된다. 보조식품일 뿐이다.

호두는 간식뿐만 아니라 매우 고급 약재이다. 오메가-3 성분이 다량 함유되어 있다. 우선 우리가 먹는 딱딱한 껍질 안의 호두는 엘라그산(Ellagic acid)이 함유되어 항산화작용으로 항암 효능이 있다. 간암의 복수, 자궁경부암, 유방암, 췌장암, 피부암, 대장암, 식도암, 전립선암 세포의 분열을 정지 억제한다.

호두나무 열매 파란껍질(胡桃樹皮)을 약용으로 사용한다. 파란 껍질속의 주글론(Juglone)이 항암작용을 한다. 주글론은 벌레 등의 침입을 막고 자신을 보호하기 위해 뿜어내는 물질이다. 호두나무 주위에 잡초가 잘 자라지 않는 이유가 바로 이 독한 기운을 뿜어내는 주글론 때문이다. 이 독성이 약용으로 작용한다.

초보 농부는 보리밭 이동식주택 뒤편에 밤나무 2그루, 호두나무 2그루 심었다. 혹, 1그루가 잘못되면 외롭지만 한 그루라도 살아야 한다. 키가 큰 나무이니 5m 간격으로 심었다. 10년 후쯤에 지인들과 나누어 먹을 만큼 나무는 크고 넉넉하게 과실을 수확하리라. 그때쯤 나무 주인 얼굴 주름살의 골이 더 깊어지리라. 나무를 통해 자신을 바라볼 수 있으니 이 또한 성찰이다.

농부는 거울을 심는다.

농부는 자신을 돌아 볼 교훈을 심는다.

* 소음인

대추 – 보리밭에 대추나무 몇 그루 심었다. 일반 약대추, 사과대추, 왕대추 등이 무럭무럭 자라고 있다. 병충해 강하고 농부 손길이 가지 않아도 잘 자란다. 특히 그리 비옥하지 않은 척박한 토양에 배수만 잘 되면 가을 햇살에 파랗고 붉은 대추를 볼 수 있다. 아삭하고 달콤한 맛을 즐길 수 있다. 은은한 단맛의 대추차는 몸에 이롭다.

소화기능이 약하고(脾胃虛弱) 피로하고 소식하고 대변이 묽은 사람(食少便溏)에게 좋다. 신경의 안정(安神) 효능이 있다. 소화기가 약하고 신경이 예민한 수면장애에 따뜻한 대추차를 장기간 마시면 도움이 된다.

강삼조이(薑三棗二) – 한약처방에 생강 3쪽, 대추 2알 넣으라는 주문이 많다. 약성이 강한 약물에 대추 생강이 성분을 완화 시키는 작용을 한다. 몸이 냉한 사람이 소화 장애를 일으키는 항생제 등을 복용할 때 대추차를 곁들여 마시면 위장을 보호할 수 있다.

생강 – 4월 중순에 종강(종자생강)을 심어 10월 중순에 수확하니 6개월 성장기를 갖는다. 대체적으로 병충해 강하고 밑거름 웃거름만 주면 늦여름 초가을에 폭풍 성장한다. 봄 10kg 종강 1박스 심으면 가을에 7~8박스쯤 캔다. 마을 주민들 김장 양념으로 생강을 나누어 주는 기쁨이 있다.

생강은 매우 따뜻한 성미가 있다. 가벼운 감기에 따뜻한 생강차 마시고 땀 흘리면 몸이 개운하다. 피부 호흡을 돕고 차가운 감기 기운을 몰아낸다(解表散寒).

평소 몸이 차가운 사람은 겨우내 생강차를 마시면 소화기가 좋아지고 감기 걸리지 않고 면역력이 증진된다. 속을 따뜻하게 하고 구토증상을 완화시킨다(溫中止嘔).

고구마 – 물, 밤, 꿀 고구마. 기호에 따라 봄에 고구마순을 심는다. 한단 심으면 고구마순 따 나물, 김치로 먹는다. 수확하여 팔뚝 크기 고구마 저장하면 겨울 간식으로 으뜸이다. 소음인 밥맛없으면 파김치에 삶은 고구마 먹으면 한 끼 식사 해결된다. 눈 내리는 겨울밤 구들장 황토 방에 누워 있으면 몸과 가슴이 풍요롭다. 부엌 아궁이에 고구마가 익는다. 고향이 달달하게 익는다.

파 – 매운 맛이 몸을 따뜻하게 한다. 감기에 파뿌리(蔥白)를 끓여 마시면 땀이 촉촉하게 나오고 몸이 개운하다.(發汗解表). 몸이 냉한 사람은 파국, 파김치로 조리해 먹으면 좋다.

마늘 – 늦가을 마늘 한 쪽 심으면 다음 해 봄 마늘 한 통 수확한다. 1쪽이 6쪽 1통이 되니 6배 수확량이다. 마늘의 매운맛 갈릭(garlic) 성분이 항산화 작용을 한다. 소화기를 따뜻하게 하고(暖脾胃), 몸의 기운을 순환시켜(行滯氣) 준다. 아마 음식 양념으로 건강에 제일 좋은 재료이다. 생마늘보다 구운 마늘 자주 먹으면 건강에 이롭다. 단군 신화에 마늘의 등장은 깊은 의미가 있을 것 같다.

땅콩 – 생땅콩을 물에 불려 한 홈에 2개씩 심는다. 10일쯤 지나면 파란 새싹이 올라온다. 그리고 한 달 후에 작은 노란 꽃이 핀다. 북돋기 해주고 여름을 보낸다. 무성한 땅콩밭이 첫 이슬 내리고 서서히 고개 숙이면 수확한다. 손자 있는 귀촌인은 꼭 초청장을 보내라. 꼬마들 자연 학습으로 으뜸이다. 땅콩 채취하는 재미는 어린이 신장과 정신까지 성장시킨다. 말린 생땅콩 팬에 바로 볶아 먹으면 별미이다. 그동안 마트에서 산 땅콩의 맛은 50%일 뿐이다.

양배추 – 양배추의 따뜻한 성미가 위장에 이롭다. 꼭 데쳐서 먹어야 소화기 기능을 돕는다. 병충해가 많아 관리 쉽지 않다. 그래도 유기농 양배추를 권한다. 좀 비싼 값을 한다.

당근 – 이른 봄에 아주 작은 씨앗을 뿌리고 살짝 흙을 덮으면 10일 후 발아한다. 그런데 다른 농산물보다 쉽게 싹이 올라오지 않아 몇 차례 파종을 반복한다. 초보에게 좀 어려운 작물이지만 토양의 병충해만 피하면 관리하기 쉽다. 농약, 비료하지 않은 유기농 당근은 단단하고 정말 맛있다. 베타카로틴이 함유되어 노화 방지와 면역력을 증진 시킨다. 노폐물 배설, 해독작용이 있어 소음인의 건강 식품이다.

*** 소양인**

상추 - 봄철 미각을 자극하면서 칼슘성분이 관절 척추에 도움이 되고 안정 효능으로 숙면을 유도한다. 성미는 차가워 장이 냉한 사람은 부담스럽다. 상추를 먹고 대변이 묽거나 설사하는 사람은 체질에 안 맞는 것이다. 무심히 먹던 상추, 잘 살펴 먹어야 한다.

배추 - 역시 좀 서늘한 성질이 있어 몸이 냉하면 좀 부담스럽다. 혹, 생김치 먹고 속이 아린 경우는 거부 반응이다. 소양인은 따뜻한 성질의 고춧가루 생강 마늘 넣지 않은 백김치가 제격이다. 속이 편하고 소화 흡수 잘 된다.

물론 한국 대중적 반찬인 배추, 무김치까지 가려 먹으려면 힘들겠지만 분명 건강의 호불호가 있다. 맛과 건강까지 생각하여 먹는 음식에 지혜가 있다.

시금치 - 철분이 함유되어 빈혈에 좋은 것으로 알려졌다. 비타민 성분이 많아 살짝 데쳐 먹으면 건강식이다.

가지 - 갈색 건강식이다. 항산화 작용이 있는 안토시아닌이 풍부하다. 성인병 예방할 수 있다. 하지만 가지의 솔라닌(solanine)은 독성이 있어 꼭 살짝 데쳐 먹어야 한다. 솔라닌은 감자, 토마토의 아린 맛으로 알카로이드 독성으로 어릴 적 가지 먹고 입가가 부르튼 것은 바로 이 성분 때문이었다. 병충해에 강하여 몇 그루 심으면 몇 가구 충분하다.

오이 – 아삭한 시원함이니 여름 갈증을 없애준다. 태음인은 배, 수박이 시원하지만, 소양인은 오이가 좋다.

토마토 – 라이코펜(lycopene) 성분이 유방암 억제 효능이 있다. 저칼로리로 비만 억제와 고콜레스테롤을 조절하고 체내 Na을 제거하고 골다공증을 개선한다.

브로콜리 – 해독작용과 노화 방지 효능이 있다. 요즘 항암효능이 있는 것으로 알려졌다. 그래서 뜨거운 물에 살짝 데친 오이, 토마토, 브로콜리를 갈아 매일 주스로 마시면 소양인의 암 발생을 억제할 수 있다. 영양식이면서 건강식이다.

가족과 본인 체질을 알고 그에 맞는 채소, 나무를 심으면 텃밭 생활의 목적은 이룬 셈이다.

건강 지킴이, 귀촌 텃밭이다. 알고 접근하면 텃밭이 더 풍요롭다.

의료와 음식의 그 근원은 같다.

醫食同源

채식과 육식

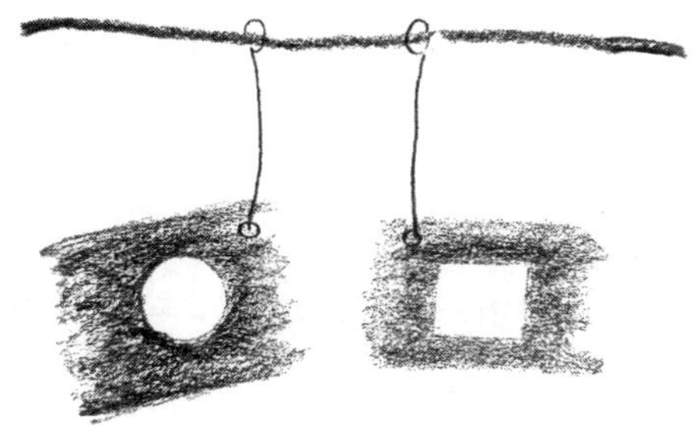

4월 중순부터 귀촌인의 식탁이 풍성해진다. 텃밭에 상추, 쑥갓, 머위 잎, 냉이, 두릅 등이 나온다. 미각과 건강을 챙기는 푸성귀와 나물들은 반갑고 또 고맙다. 텃밭에서 땀 흘린 대가가 저녁 식탁에 가득하다. 손길 주고, 눈길 주고, 정성 주고, 마음 준 농산물이다.

상대에게 베풀어 본 적이 있던가. 상대에게 일방적으로 애정을 준 적 있던가. 베풂은 얻음이다. 작은 생물에서 큰 교훈을 얻는다.

그런데 이 식물성 식탁은 왠지 허전하다. 삼겹살 몇 점 굽거나 마블링(Marbling) 듬뿍 박힌 꽃등심이 그립다. 돼지 오겹살의 그 적절한 지방층이 유혹한다. 그렇게 따르면 된다. 식욕이 원하니 그 유혹에 넘어간다. 우리는 초식 육식의 잡식성이다. 그런데 건강을 위한 채식과 육식의 논쟁은 아직 끝나지 않았다. 고기를 먹어야 하는가, 아니면 건강을 위해 금해야 하는가? 고기를 먹지 않고 체력이 떨어지면 면역력 결핍으로 질병이 발생할 수 있다는 주장과 채식만으로 건강은 유지하여 장수할 수 있으며 지방식은 오히려 질병의 원인이 될 수 있다는 주장이 대립한다. 한국인들이 1년에 섭취하는 고기양은 4kg, 미국인들은 30kg이라는 보고가 있다. 미국인들은 육식 위주의 식사이니 당연히 많은 양의 고기를 섭취하고, 우리 한국인들은 쌀이 주식으로 채식 위주에 고기는 영양 보충을 위해 첨가하는 정도이다. 영양학자는 한국인의 육식은 절제되어 건강을 해치지 않는다고 주장한다.

한편 채식주의자들은 지방이 몸을 산성화하고 피를 탁하게 하여 노화를 촉진한다며 경계한다. 그뿐인가. 고기는 심장병, 고혈압, 동맥경화증 등 심혈관 질환은 물론 당뇨병, 암까지 유발한다고 주장한다. 육식은 활성산소를 유발하고, 그 활성산소가 염증을 발생시키고, 그 염증은 각종 질환을 일으킨다. 그래서 소화가 쉽고 몸에 부담을 주지 않는 채식이 장수의 비결이라고 한다. 채식인들은 비만하지 않고 혈색도 좋고 나이에 비해 젊게 살 수 있다. 고기를 먹지 않아도 건강에 문제가 없다는 논리이다. 양쪽의 의견 수긍할 수밖에 없다.

요즘 채식주의자들이 많아지면서 그들에게 맞는 음식이 개발되었다. 채식주의자들을 위한 전문 식당이 생겼고, 그들만을 위한 식품이 개발되었다.

채식주의의 선구자이며 멘토는 아무래도 헬렌 니어링(Helen Knothe Nearing, 1904~1995)이다. 오직 식물성 식사이고, 특히 섭취량도 소량이다. 소화기에 부담을 주지 않는 식사가 장수 비결이라는 주장은 매우 설득력 있다.

음식 요리 시간을 아껴 생활을 즐기라는 선각자, 구도자의 모습을 보여 100세 가까이 장수의 삶을 실천하였다. 지방식으로 인한 활성산소가 질병을 발생한다며 채식을 실천한 부부는 건강의 한 획을 남겼다. '죽음은 성장의 마지막 단계'라며 유기농 채식을 통한 건강을 실천했다. 음식을 통한 장수의 방법을 손수 제시한다.

『헬렌 니어링의 소박한 밥상』은 채식주의자들에게 필독서이자 바이블이다. 채식주의자가 된 사람 중에 헬렌니어링의 이 소박한 밥상이 인연이 된 경우가 많다. 한 권의 책이 식탁을 바꾸어 놓는다.

하지만 육식 또한 그 이론 만만하지 않다.

단백질은 인체가 다량 섭취해야 하는 영양소인데 탄수화물, 지질과는 달리 질소를 함유하고 있기 때문에 탄수화물과 지질로 대체할 수 없다. 그래서 인체는 충분한 단백질을 섭취해야 한다. 식물성 단백질은 3차 구조가 견고하기 때문에 필수 아미노산이 부족하여 동물성 단백질보다 영양적 가치가 떨어진다. 그런데 동물성 단백질은 3차 구조가 견고하지 않고 필수 아미노산이 풍부하며 아미노산 균형도 좋다. 그래서 영양적 가치가 우수한 동물성 단백질을 섭취해야 한다.

하지만 한의학은 채식, 육식의 영양보다 체질을 중요시한다. 음양오행에 맞는 체질 식사가 건강에 도움이 된다. 체질에 맞지 않은 음식은 활성 산소를 유발하여 질병의 원인이 된다.

특히 체질에 맞는 고기의 선택은 매우 중요하다. 자신의 체질에 맞는 고기를 섭취하여 에너지원으로 삼고 기력을 보충하여야 한다.

* 고기의 체질 식단

식품 영양학자들은 우수한 단백질로 계란을 추천한다. 영양가 높고 체내 흡수도 잘 되고 쉽게 싸게 구할 수 있으니 완전식품이다. 그런데 계란이 모든 사람에게 적합한 것은 아니다. 계란의 성미(性味), 성질(性質)에 맞는 체질이 먹어야 더욱 효과적이다. 현대의학과 영양학자는 식품의 성분(成分)을 이야기하지만 한의학은 성질(性質)을 절대적으로 중요시한다.

닭은 따뜻한 성질을 가지고 있어 닭의 부산물인 계란 역시 온(溫)한 기운이 있다. 여름철 삼계탕을 먹는 이유는 몸을 따뜻하게 하는 보양의 목적이다. 여름에는 몸이 더위를 이기기 위해 속 기운은 상대적으로 차가워지기 때문에 따뜻한 성질을 가진 대표적인 인삼과 닭을 요리해 먹었다. 삼계탕은 몸을 따뜻하게 하고 체력을 보충시켜 지친 여름 대표적인 보양식이 되었다. 그래서 닭고기나 계란은 몸이 차가운 체질인 소음인 식품으로 분류한다.

소음인 - 닭고기, 염소, 양고기

태음인 - 소고기

소양인 - 돼지고기

체질에 맞는 동물성 단백질은 건강의 필수 영양분이다. 체질에 맞는 고기를 섭취하여 체력을 유지한다.

체질에 맞는다고 함부로 먹으면 오히려 건강에 해롭다. 태음인이 소고기가 맞는다고 마블링많은 부위를 많이 먹으면 혀는 즐거울 수 있으나 신체는 불쾌하다. 지나치게 기름진 음식은 체질에 관계없이 금해야 한다. 다음날 복통 설사로 화장실 출입이 많아지는 것은 거부 반응이다. 마블링은 상강육(霜降肉)이라고 하니 이슬이 내린 고기이다. 그 이슬 부위가 고소한 맛을 낸다. 이슬 부위가 지방질이고 콜레스테롤을 함유하고 있어 맛이 고소하고 식감이 좋다. 하지만 과하면 소화기관이 거부 반응을 한다.

그래서 노약자나 환자들은 고기를 숯불이나 가스불로 직접 굽는 직화(直火)보다 삶아 먹는 것이 소화와 흡수에 도움이 된다. 소고기 등심을 숯불에 직접 구워 먹는 것보다 사태, 양지, 목등심 등을 삶아 편육으로 먹는 것이 좋고, 돼지고기는 삶은 보쌈이 불판에 구운 삼겹살보다 더 유익하다. 특히 직화 때 발생하는 벤조피렌(Benzopyrene) 성분이 발암물질이라는 정보를 잊어서는 안 된다.

이런 요리법에 따른 섭취가 건강에 도움이 되지만 육식과 채식의 주장은 어느 한쪽의 승리일 수 없다.

초원의 군주인 사자나 호랑이는 절대 풀과 열매를 먹지 않는다. 며칠째 사냥을 하지 못해 굶주려도 초원의 풀을 먹지 않는다. 반대로 초식동물인 소는 육식하면 큰 병에 걸린다. 광우병(狂牛病)은 소가 미친 병이니 중병에 걸린 것이다. 아프리카의 코끼리는 그 거대한 몸을 초식으로 유지한다. 호랑이는 육식이요, 소는 채식이고, 인간은 잡식이다. 그러니 인간은 동물성과 식물성을 조화롭게 먹어야 건강에 이롭다. 사람의 이는 사랑니를 포함하여 모두 32개다. 동물성 고기를 먹기 위해 송곳니가 한 쌍 있고 식물성을 먹기 위해 앞니 두 쌍과 어금니 다섯 쌍을 합해 일곱 쌍이다. 육식, 채식 모두 먹게 되어 있고, 육식보다 채식을 위한 치아가 더 많다. 조물주, 그 존재는 채식 위주 식단에 약간의 육식을 허용했다.

야채, 과일, 곡물 등 식물성 음식이 건강에 좋은 것은 모두 알고 있다. 하지만 동물성 영양분이 부족하면 영양의 균형이 깨질 수 있다. 그래서 동물성을 섭취하는데 꼭 필요한 양만 섭취하자. 동물성을 많이 섭취하면 위, 대소장 등 소화기에 부담을 주고 그런 과정에서 또 다른 질병을 유발할 수 있다. 육식이 채식보다 미각을 자극한다. 그래서 인간은 육식을 좋아하는지 모른다. 소화기에 부담 없는 양의 고기를 지혜로운 조리법으로 익혀 먹는다면 성인병이나 암 환자뿐만 아니라 일반인들에게도 건강식이 될 것이다.

육식이 건강에 해롭다는 주장은 육식이 곧 지방을 뜻하고, 특히 포화지방이기 때문이다. 포화지방은 심혈관 질환의 원인이 되고 암을 유발하고 촉진할 우려가 있는 것으로 조심스럽게 판단하고 있다. 하지만 불포화지방산은 심혈관 질환을 예방하고 인체 에너지원으로 건강에 유익하다. 고기는 건강에 나쁘다는 선입견은 오히려 영양 불균형을 초래할 수 있다.

채식이 음(陰)이라면 육식은 양(陽)의 영역이다. 음양의 조화는 건강이다.

녹색의 텃밭은 육식의 보조 식단을 제공한다. 기름진 육식에 신선한 야채 채소를 권한다. 그래서 중도(中道)의 장이고, 미각(味覺)의 터이다. 치우치지 않은 공간이다.

맨발 걷기

요즘 건강을 위한 맨발 걷기가 대단하다. 맨발로 황톳길을 걸으면 건강에 좋다는 보도는 큰 반향을 일으켰다. 그래서 지방자치단체에서 몇 km 황톳길을 만들고, 운동 후 발을 씻을 수 있는 샤워장까지 설치하여 반응이 좋다. 옛날 강 따라 자전거길을 만들던 추억보다 좀 진화된 느낌이다. ㈜의학적 의견이 더 반영되었다.

예전에 암 환자들은 편백 치유의 숲을 찾았는데 요즘은 황톳길을 걷는다. 매일 황톳길을 걸은 암 환자가 검사 결과 수치가 호전되었다는 임상 보고가 있다. 불면증 환자가 황톳길을 걷고 수면제 끊고 숙면한다는 보고는 매우 유익한 정보다. 만성 위장병 환자의 치유 사례까지 마치 만병통치의 장이다. 시대 따라 건강 운동도 다르게 나타난다. 일시적 유행이지만 무시하면 안 된다. 긍정적인 점과 부정적인 면을 잘 살펴 도움을 받으면 된다. 유행한다고 맹신하면 오히려 해로울 수 있으니 꼭 의학적 상식에 맞는 선택을 해야 한다.

맨발 걷기는 건강을 위해 신발을 벗은 적극적인 산책이다. 신발의 물질을 버린 원초의 선택이다. 어쩌면 인간 태초의 모습, 네안데르탈인의 보행이다.

발바닥을 자극하면 왜 건강에 좋을까?

한의학의 침 놓는 이론인 경락학(經絡學)이 있다. 인체 오장육부의 기능(氣)이 흐르는 길을 팔다리와 몸통에 적용했다. 인체의 건강을 유지하는 에너지가 흐르는 길을 경락이라 한다. 그런데 발바닥에 유일한 길이 하나 있는데 용천(湧泉)혈이다. 발바닥 앞쪽 1/3 부위 제 2, 3 족골 사이에 위치한 용천은 족소음신경(足少陰腎經)의 시발점(경혈)이다. 그러니 발바닥은 신(腎)의 기능과 연관된다. 그래서 발바닥을 자극하면 신장의 기능이 좋아진다. 예를 들면 소변을 자주 보는 빈뇨, 소변을 힘들 게 보는 배뇨 곤란, 신장의 기능과 연관되는 이명 난청 등에 효능 있는 경혈이다.

그런데 요즘 맨발 걷기는 암을 비롯하여 모든 질환에 효과가 있는 것으로 알고 있다.

발바닥은 족소음신경의 용천혈만 분포된 이론이라면 그 효능의 한계가 있다. 그런데 발바닥은 인체의 축소 부위로 여기면 모든 기능을 활성화하는 효능이 있다. 발바닥에 오장육부의 기능이 분포되었다면, 발바닥 자극은 전신의 자극이 된다. 발바닥 자극은 온몸 마사지 역할을 하게 된다. 인체의 막힌 기(氣)를 푸는 효과가 있다.

요즘은 시들한 학설이지만 귀에 침놓는 이침(耳鍼)이 있었다. 귀에 인체의 모든 기관 기능이 분포되어, 귀에 아주 작은 침을 놓는다. 귀에 14경락이 분포되어 질병을 예방 치료하는 이론이다. 이처럼 발바닥 역시 몸의 축소판이라면 맨발 걷기는 전신 자극 운동이다.

① 기(氣)를 순환한다

인체를 영위하는 기운이 막히면 피로뿐 아니라 만병의 원인이 된다. 암 역시 좋은 기운(正氣)이 막혀 나쁜 기운(邪氣)이 생긴 난치병이다. 발바닥을 자극하여 막힌 기운을 풀어 주면 악성 종양도 억제되고 소멸되는 것으로 설명될 수 있다. 그런데 발바닥 자극의 기순환으로 암세포까지 소멸되는 이론은 연구해야 할 부분이다. 맨발 걷기는 종양을 억제하는데 소극적 자극이다. 맨발 걷기는 암 환자에게 보조 치료의 효능이 있을 것으로 사료(思料)된다.

혈액순환 역시 기순환의 한 방편이다. 혈액순환이 잘 안되어 손발이 차갑고 추위에 예민한 여자들에게 맨발 걷기는 유익하다.

② 신경 안정 효능이 있다

발바닥에 분포한 용천혈은 영신(寧神)의 효능이 있다. 신경 안정 효과로 신경쇠약 우울증 불면증 편두통 등에 효과적이다. 발바닥 신경을 자극하면 스트레스 호르몬인 코르티솔 분비가 줄어든다는 연구 결과가 있다. 스트레스를 받는 현대인들에게 맨발 걷기는 기분 좋은 활력소이다. 불면증 우울증으로 고생한다면 신경정신과 병의원 대신 황톳길을 찾자. **자연이 치유의 길을 안내한다.**

③ 접지 효과

흙과의 접촉은 소우주인 인체가 대우주인 우주와의 호흡이다. 현대의학으로 설명할 수 없는 대우주의 기운을 받는 것이다. 대지와의 접촉을 통해 염증, 암 등을 유발하는 활성산소를 없애는 효과가 있을 것으로 여겨진다. 환자에게 유익하고 정상인의 건강을 위한 행보이다.

④ **척추 관절 기능 강화**

푹신한 흙의 맨발 걷기는 척추와 관절의 기능을 강화한다. 적당한 탄력 있는 굴신은 근골격계의 근육 인대 등을 강화한다. 평소 퇴행성 척추 관절로 고생하는 어르신들에게 도움이 된다. 딱딱한 콘크리트나 아스팔트가 아닌 쿠션 있는 황톳길은 척추 관절에 유익하다. 몸이 실리는 운동은 골의 칼슘(Ca), 철분(Fe)의 생성을 돕는다. 물론 올바른 자세로 걸어야 도움을 받을 수 있다. 직립 인간인 사람은 걸어야 건강을 유지할 수 있는데 황토는 따뜻한 기운이 있어 최상의 헬스 로드(Health Road)이다.

공기 좋은 숲 황톳길을 맨발로 걸으면 우선 기분이 좋고, 발바닥을 자극하여 전신의 구조적 생리적 기능을 자극하여 건강에 이롭다.

하지만 선이 있으면 악 또한 존재한다.

병약한 환자가 추운 겨울 맨발 걷기는 선이 아니라 악이다. 면역력 약한 피부는 동상에 걸리기 쉽다. 추위로 발의 감각이 둔해져 발가락이 어는 상태를 알지 못한다. 주위에 그런 사례가 많다. 너무 병약한 환자의 맨발 걷기는 피부 저항력이 떨어진 상태로 온갖 세균이 침입한다. 세균은 심한 염증을 유발하고 회복하지 못하면 괴사가 발생한다.

가끔 지리산 설악산 산행 중에 맨발로 산행하는 사람을 만난다. 굉장한 산악인이다. 하지만 심하면 하루 10시간 맨발 산행인데 말리고 싶다. 평소 맨발 걷기로 발바닥이 두꺼워졌겠지만 과한 자극은 오히려 면역력 감퇴를 초래할 수 있다. 신발로 보호받지 못해 발바닥을 지탱하는 크고 작은 관절, 족저근막 등이 변형될 수 있다. 지나침은 부족함만 못하다.

맨발로 콘크리트, 아스팔트, 거친 모랫길을 걸으면 건강에 도움이 되지 않는다. 발바닥을 자극하여 신진대사를 돕겠지만 차가운 기운이 해롭다.

피트니스클럽의 러닝머신 역시 발바닥을 자극한다. 하지만 그곳의 딱딱한 금속성 바닥, 차가운 매트, 폐쇄된 공간은 숲속, 강가의 황톳길과 다르다.

* 바위 맨발 걷기

맑다. 큰 바위를 걸으면 좋다. 여름 바위는 뜨거운 태양으로 달구어져 그 위를 걸으면 신체도 뜨거워진다. 바위의 건강한 기운이 인체에 전달된다. 암석의 맑은 기(氣)를 발바닥을 통해 전달받는다. 인체의 활성산소를 억제하고 신진대사를 촉진하여 질병을 예방하고, 노화를 지연시킨다. 암석- 자갈- 모래- 흙의 풍화작용. 태초의 자연은 바위이니 그 맑은 기운을 맨발 걷기로 전달받자. 말기 암 환자, 파킨슨병, 알츠하이머 등등 난치병 환자들이 따뜻한 바위 위를 걸으면 마음의 안정과 동통이 완화된다. 따뜻한 날 바위의 온기는 황톳길보다 더 좋은 기운이 있다. 바위를 몇 km 걸을 수 없으니 큰 바위에서 원을 그리며 걷는다. 부드러운 바위에서 좋은 기운이 나온다. 힘들면 따뜻한 바위에 누워 먼 하늘을 보고 찜질한다. 등에 오장육부를 관장하는 족태양방광경과 독맥(督脈)이 흐른다. 등에 온(溫)한 바위의 기운이 전해지면 온몸의 기운이 생성되고 기의 순환이 원활하다. 흠뻑 땀 흘리면 바로 몸이 가벼워진다. '바위 맨발 걷기'는 '황토 맨발 걷기'보다 더 유익할 수 있다.

바위에서 맑고 밝은 기운이 나온다. 불교에서 좋은 수행 기도처로 바위를 선택했다. 큰 바위가 많은 골산(骨山)에서 수행하면 공부가 잘 된단다. 대표적인 곳이 설악산 봉정암이다. 병풍처럼 펼쳐진 용아장성 바위 아래 암자를 만들고, 그 안에 석가진신사리를 봉안하고 기도처로 삼았다.

티베트 서남부에 있는 카일라스(Kailash)는 싯다르타가 수행한 불교의 성지이다. 수미산으로 불리는 곳으로 그 산 둘레를 오체투지로 순례하는 데 한 달이 걸린다. 현생의 업을 버리고 견성 성불을 이루려는 순례자에게 성지인 카일라스는 커다란 바위이다. 그 거대한 바위에서 염력(念力)을 전해준다고 믿고 있다. 기도를 통한 소원 성취의 믿음은 그 암석 때문이다. 거대한 바위에서 정신적, 육체적, 신앙의 맑은 기운이 나온다.

* 텃밭 맨발 걷기

보통 농부는 일할 때 장화를 신는다. 거친 자갈도 있고 더러운 퇴비도 있어 목이 긴 장화를 신고 발을 보호한다. 그래서 농부는 장화 신고 밀짚모자 쓰고 괭이 들고 들로 나가는 모습이 연상된다.

좋다. 따뜻한 날 고운 땅에서 장화를 벗는다. 흙과의 접촉, 그 촉감, 평소 느끼지 못한 오묘함이다. 발바닥에 전해지는 가벼운 통증이 희열을 준다. 왠지 모르게 흙과 더 친해진 느낌이다. 농약 비료하지 않은 친환경 토양과의 만남이니 좋은 인연이다. 순수 자연을 만나 순수 인간이 되고 싶은 실험정신이다. 천지인(天地人) 삼재(三才) 중 둘의 합일이다. 의미를 부여하고 싶은 텃밭 생활의 극치이다. 따뜻한 햇볕이 내려 셋의 만남이다.

캔다. 6월 하지 감자의 부드럽고 구수한 미각을 상상하면 힘들지 않다. 신발을 벗고 감자를 쑥 뽑으면 주먹 크기의 감자가 덩굴째 따라 올라온다. 옹골지다. 감자를 캔 자리의 감촉은 부드럽고 상쾌하다. 감자를 캔 흙의 속살을 체험한다. 간지러우며 자극적인 시원한 느낌이다. 원기(元氣)가 생성된다. 감자 추수의 노동은 건강 운동이 된다. 감자와 맨발 걷기, 수확이 둘이다.

10월 중순, 생강의 잎이 말라 고개 숙인다. 다 자란 생강, 맨발로 접촉한다. 엄지 크기의 종강이 야구 글러브 크기의 생강 덩어리가 되었다. 맨발은 가을볕을 품은 대지를 즐긴다. 부드럽고 따스한 감촉이 온몸에 전해진다. 수확의 기쁨과 함께 자연의 고마움은 가히 신의 영역이다. 누군가에 감사하고 싶은 마음은 겸손의 절정이다. 막 캔 햇생강의 향기는 맑다. 향긋한 생강은 감사 편지이다. 생강의 성장을 같이한 흙은 대지를 품고, 농부는 그 기운을 받는다.

맨발 걷기 굳이 인위적으로 만든 황톳길을 걷지 않아도 된다. 텃밭은 적당한 노동과 더불어 건강 걷기를 할 수 있다. 풀 뽑으며 추수하며 텃밭을 걸으면 된다. 일을 즐기며 건강을 챙기는 매우 유익한 시간을 갖는다.

초보 농부는 밭농사에 장화를 신지 않고 고무신을 신는다. 풀을 뽑고, 고추를 딸 때 하얀 고무신을 신는다. 자신도 모르게 밭의 흙이 신발 안으로 들어와 같이 논다. 적당한 자극이 상쾌하다. 일을 마치면 신발 안에 한 줌 이상 흙이 들어 있다. 발 마사지한 셈이다. 시원한 지하수로 발을 씻으면 온몸이 상쾌하다. 노동의 피로가 풀리고 새로운 기운이 생성된다.

하얀 고무신은 순수, 그 실천이다.

농막 앞마당에 질경이, 토끼풀, 망초, 민들레, 잡초 지천이다. 그 위를 맨발로 걸으면 왠지 자연과 친해진 느낌이다. 맨살로 그들과 호흡한다. 하찮은 생물의 그 존재 가치를 느낀다.

다음 날 출근길이 상쾌하다. 텃밭이 가슴으로 들어온다.

콘크리트 주택에서는 9년 일찍 죽는다

요즘 주위에 암 환자 많다. 오래전 통계에 의하면 70대 어르신 4명 중 1명은 암 환자라니 감기처럼 가까이 있는 질병이 되었다. 코로나19 팬데믹 이후 어떤 이유인지 암 환자가 증가한 경향이 있다. 우연히 건강 검진을 받다 발견하고, 가벼운 증상이 의심스러워 발견되기도 하고, 아무런 증상 없이 말기 암 판정을 받기도 한다. 대형 종합병원에 암센터가 생기고, 첨단 의료기기와 정기 건강 검진으로 암을 조기 발견하고, 다국적 제약회사는 표적 항암제를 개발하여 치료율을 높이고 있다. 예전 '암 = 죽음'이란 등식이 깨지고 인간이 극복하는 질병에 불과하다. 불치병 난치병이던 암은 이제 치료 가능한 질병이 되고 있다. 완치율이 높아져 두려움의 대상이 아니다. 과학, 의학, 의료공학,

의약품개발 등이 암을 이기는 원동력이 되고 있다.

그래도 암이 발생하면 암센터에서 항암, 방사선, 필요하면 수술한다. 그리고 요양을 위해 물 맑고 공기 좋은 시골 산속을 찾는다. 치료 이후 타 장기로 암의 전이가 무섭고 두렵다. 농약하지 않은 친환경 야채와 채소를 먹고 맑은 공기 마시며 암세포를 극복한다.

그리고 또 하나 주문한다. 흙집 구들장에서 따뜻하게 몸을 지지는 꿈을 꾼다. 특히 시골에서 성장한 어르신은 고향의 그 구들장이 그립다. 볏짚이나 나무를 아궁이에 넣고 이글거리는 불을 쬐고, 그 불로 생선을 굽던 어머니는 그리움이 되었다. 겨울 따듯한 아랫목 이불에 발을 넣고 도란도란 이야기하던 시절이 아득하다. 검게 그을린 부엌, 해 질 무렵 굴뚝에서 피어오르는 연기, 질퍽한 황토벽. 그리고 온기는 잊을 수 없다. 그 노랑이 흰둥이 똥개는 꼭 부엌 한구석에서 새끼를 낳았다. 어미의 젖 빨던 그 귀여운 강아지가 아른거린다.

도시인이 구들장 흙집에서 하룻밤 자고 나면 기분이 좋단다. 시골 흙집에서 저녁 술 마시고 자고 나면 숙취가 없단다.

흙의 따뜻한 기운이다. 황토 벽돌로 벽을 세우고 구들장도 황토로 만들고 지붕 서가래 위에 황토와 숯을 채우고 숨 쉬는 공간을 마련한다. 오염되지 않은 시골의 맑은 공기와 호흡하는 흙집이다. 구들의 따뜻한 온기가 몸의 독소를 배출하고 신진대사를 촉진한다. 흙집은 생명체이다.

좀 구체적으로 따뜻한 흙집 한 채 지어 보자.

후나세 슌스케(船瀨 俊介, 1950~)의 저서 『콘크리트 주택에서는 9년 일찍 죽는다』는 콘크리트, 철제 주택의 해로운 점을 아주 상세하게 설명한다. 직접 접촉하지 않아도, 거리를 두어도 콘크리트 벽은 몸속의 체온을 빼앗아 간다. '냉(冷)스트레스'이다. 몸의 원기가 냉기로부터 소모되어 면역력 저하로 피로는 물론 질병을 발생한다.

콘크리트, 금속, 목재로 만든 상자에 생쥐를 사육하는 실험을 했다. 4월부터 7월 온난기에 실험했는데 매우 충격적인 결과가 나왔다. 목재 사육 상자에 사육한 생쥐는 90% 건강하게 자라고, 금속 사육 상자의 생쥐는 41%, 콘크리트 사육 상자의 생쥐는 생존율 7%였다.

사육 상자의 소재에 의해 체열을 빼앗기고 있었다. 각 사육 상자에서 생존한 생쥐의 건강 상태에도 현저한 차이가 났다. 난소의 무게는 콘크리트 사육 생쥐는 2.92mg, 나무 생쥐는 4.91mg, 자궁의 무게는 콘크리트 사육 생쥐는 13.2mg, 목재 상자 생쥐는 25.5mg이었다.

콘크리트 주거 환경은 생명체의 생식 능력까지 현저하게 빼앗아 갔다.

현대 여성의 난임, 불임뿐만 아니라 남성의 생식 능력이 콘크리트 아파트 문화 때문이 아닌지 생각해 보아야 한다. 콘크리트와 금속은 습도를 조절하는 조습(燥濕)기능이 없다. 습기를 배출, 흡수하지 못한다. 차가운 콘크리트 주택에서는 자신도 모르게 정서가 불안하다.

생쥐 실험 결과 냉스트레스에 의해 신장암이 발생하였다. 생쥐 실험이 아닌 인간이 사는 주거 환경에 대한 조사 결과 또한 매우 유의성이 있었다.

목조 주택 거주자와 콘크리트 집합 주택 거주자의 평균 연령을 조사했다. 콘크리트 주택 거주자는 사망 연령의 평균 나이 57.5세, 목조 주택 거주자는 66.1세였다. 8.6세의 차이가 났다. 1988년 조사로 사망 연령이 낮지만 현재에도 그 수명 차이는 유지할 것으로 여겨진다.

철근과 콘크리트, 목재와 흙은 서로 다른 기능을 가진다. 차가운 기운이 나오고, 따뜻한 기운을 배출한다.

차가운 기운은 탁한 기운을 생하고, 따뜻한 기운은 맑은 기운을 생한다.

寒氣生濁 熱氣生清 (黃帝內經 陰陽應象大論)

차가우면 질병을 유발할 수 있고, 따뜻하면 좋은 기운을 받는다. 음식, 공기, 주거 환경 등등 항상 온(溫)한 상태를 선택해야 한다.

그래서 후나세 슌스케는 콘크리트 철근의 냉스트레스를 피하기 위해 흙과 목재 치장을 주장한다. 바닥을 흙으로 처리하고 벽은 목재로 마무리하면 콘크리트에서 방출하는 냉을 상쇄시킬 수 있다. 현대인들의 주거 공간인 아파트뿐만 아니라 단독 주택도 이런 천연 소재로 처리하면 건강에 이롭다.

특히 학생들의 학교는 반드시 콘크리트가 아닌 목재 학교를 만들어야 학습 능률이 오르고 성장에 도움이 된다고 주장한다.

도시 비싼 아파트 부러워하지 말자. 고급 아파트는 돈 많은 사람의 공간이고, **시골 허름한 흙집은 의식 있는 사람의 터전이다.** 인공보다 자연을 생각하고, 경쟁보다 순수를 추구하고, 탐욕보다 무소유의 가치를 찾고, 차량 소리보다 물소리 새소리 듣자.

집은 새가 둥지를 만드는 것과 같아야 한다. 새가 주변의 자연 재료를 이용하여 보금자리를 만들고, 집의 수명이 다하면 자연을 오염시키지 않고 다시 제자리로 돌려주는 자연 순환 원리가 적용되어야 한다.

건축재료로 흙, 돌, 나무를 사용한다. 시멘트 등 인공 화학재료를 사용하지 않고 돌과 모래로 물 다짐을 하고 숯 황토 자갈로 바닥을 만든다. 집의 골격은 육송으로 세우고 흙벽돌을 쌓고 천장은 낙엽송 서까래를 걸고 그 위에 잣나무 송판으로 마감한다. 지붕은 너와를 입힌다. 그리고 주변의 산세, 지형과 조화를 고려해 집의 모양 구조 위치를 설계한다. 자연 친화적인 집의 탄생이다.

흙집은 자연과 소통하여 생명이 있는 공간이다. 외부 기운이 흙집과 같이 호흡하고, 인간은 그 안에 거주한다. 비로소 인간은 원시로 돌아가고 위대한 존재로 탄생한다. 흙집은 자연을 거스르지 않고 자연과 더불어 사는 지혜의 결과물이다.

작은 텃밭의 10평쯤 작은 흙집, 구들에 불 지피면 저녁 일몰 굴뚝에 하얀 연기가 핀다, 그 연기조차 자연이다.

잉걸불 앞의 얼굴은 노을처럼 붉다. 서둘러 집 찾아가는 새들이랑 하루가 저문다. 몸 안의 차가운 마음까지 불을 쬔다. **고단한 영혼들 부뚜막으로 모여라.** 외로움 그리움 어려움도 저 장작불에 타버린다. 그리고 아랫목에 누워 팔베개할 상대 있으면 더 무엇을 바라는가.

어머니는 시골 흙집에서 나의 탯줄을 끊었다. 나는 그 흙집으로 돌아간다.

암을 다스리는 텃밭

정기 검진을 통해 생각하지 않은 질병, 특히 암 진단이 나오는 경우 허다하다. 평소 건강했는데, 평소 특별한 증상 없었는데 검진을 통해 간암 4기, 폐암 3기, 전립선암 4기 등 끔찍한 진단이 나온다. 본인뿐만 아니라 온 가족, 지인들은 놀라고 무섭다. 암의 진단과 치료에 많은 발전이 있지만 그래도 '암=죽음'의 등식은 공포의 대상이다.

암(暗)이다. 2023년 사망 1위는 당연히 암(癌)이다. 암의 어두운 그림자는 두렵다. 그 다음 심장질환 – 폐렴 –뇌혈관질환 – 자살 – 알츠하이머 – 당뇨병 – 고혈압성질환 – 패혈증 – 코로나19 순이다.

암 사망률(인구 10만 명 당 사망자 수)은 166명으로 전 년에 비해 2.5% 늘어났다. 세부적으로 폐암(36명) – 간암(20명) – 대장암(18명) – 췌장암(15명) – 위암(14명) 등 순으로 사망률이 높다.

난치, 불치병인 암에 대한 지식이 있어야 극복할 수 있다. 암을 알아야 암을 이길 수 있다. 어떻게 자연을 통해 극복할 수 있는지 정보를 공유해 보자.

1) 산소를 싫어함

암세포는 저산소 세포이므로 산소를 싫어하고 이산화탄소를 좋아하는 특성이 있다. 정상 세포가 산소 없이 생활할 수 없는 것처럼 암세포는 이산화탄소 없이 존재할 수 없다.

암은 여러 가지 원인에 의해 정상 세포가 파괴되고 비정상적인 세포가 형성 종양을 형성한다. 혈액 공급이 차단되면서 정상 세포에 영양과 산소가 공급되지 못하여 인체에 필요한 세포는 죽고 비정상적인 종양이 형성된다.

그래서 암세포는 종양 내부의 저산소증에 의해 발생되는 것으로 밝혀졌다. 즉 종양의 크기가 커지는 속도에 비해 종양 내부로의 혈관 형성은 지체되어 종양 중심 부위는 혈액 공급이 부족하게 되고 이로 인하여 저산소 환경이 형성된다. 암은 혐기성(嫌氣性) 대사를 하면서 증식한다. 암은 맑고 깨끗한 산소를 거부하고 어둡고 지저분한 곳을 좋아한다. 그래서 암은 '어둠의 자식'이라 할 수 있다. 마치 사회의 폭력배들과 유사하다. 뒷골목에 아지트를 둔 조직 폭력배들은 선량한 시민을 괴롭히고 폭력을 쓴다. 주로 어두운 밤에 활동하는 그 깡패들은 조직을 형성하여 보스가 똘마니들로 그 세를 불리는 것을 보면 암이 타 장기에 전이되는 현상과 비슷하다. 정상적인 사회생활이 아니라 비정상적으로 법을 어기는 행동이 그들의 직업이다. 그래서 그들을 '암적인 존재'라 부른다. 그들은 사회로부터 격리되어야 일반 시민들이 평화롭게 살 수 있다.

암, 악성종양은 가능하면 도려내야 한다.

① 공기

우리가 사람이 밀집된 지하철이나, 영화관, pc방 등에 장시간 있으면 머리가 아픈데 그 이유는 뇌에 산소가 부족하기 때문이다. 겨울 난방 가스는 연소 시 산소가 필요해 두통이 발생한다. 밀폐된 공간의 전기 가스히터는 치명적이다. 작은 가게 하던 사람이 폐암 진단을 받으면 그 원인은 겨울 밀폐된 공간의 난방을 의심해야 한다. 체내 산소가 부족하면 암세포는 발생하고 증식한다. 가스 난방으로 일단 두통이 발생하면 실내 산소 부족 현상이니 경계해야 한다.

요즘 여성 폐암 환자가 급증한다는 보고는 매우 중요하게 여겨야 한다. 창문 없는 아파트에서 고기 구울 때 나타나는 유독가스가 암을 유발한다. 아파트 부엌에서 생선, 고기를 구워 보았는가? 환풍기를 틀어도 그 독한 가스는 쉽게 없어지지 않는다. 매캐한 냄새가 한동안 실내를 배회한다. 고급아파트일수록 창문이 적어 환기되지 않는다. 창을 열고 구워도 실내 고기 냄새는 폐 기능을 상실하게 한다. 왁자지껄 정육점 식당 자주 가면 치명적이다. 고기 구울 때 나타나는 탁한 연기 미세먼지는 피해야 한다. 단백질 영양분 섭취하려다 체내에 악성종양을 키운다.

요즘 세탁기의 사용 역시 질병을 유발하지 않을까 우려된다. 세탁기의 세제에 문제가 있을 수 있다. 세탁기로 세탁한 빨래를 아파트 베란다에 건조 시키는데 이상한 냄새가 난다. 그리 유쾌하지 않은 비릿한 냄새가 매우 불쾌하다. 특히 베란다 창을 닫고 건조 시키면 그 고약한 세제 냄새는 더욱 역겹다. 그동안 '세제의 암 유발' 등이 보고되지 않았지만 한번 생각해볼 환경오염으로 여긴다. 묵은 때를 한 번에 씻어 내려면 그만큼 강한 세제가 개발되어야 했고, 그런 과정에서 유해물질이 발생할 수 있지 않을까? 우려되고 걱정되는데 정말 유해물질이 검출된다면 우리들의 세탁방법은 건강을 위해 재고되어야 한다. 혹시 유해물질이 있는 세제를 사용했다면 옷에(특히 내의) 묻어 있는 그 화학성분은 고스란히 체내에 접촉 흡수될 수밖에 없다. 그래서 그 세제로 인해 어린이들 아토피 피부가 발생하고 더 나아가 성인병을 유발한다면 정말 친환경 세제의 보급을 확대해야 한다. 아토피로 고생하는 어린이들 옷가지는 세제를 사용하지 말고 세탁해 보자, 세제로 세탁했다면 한동안 물에 담가 세제 독을 제거하여 건조해야 한다. 어린이들의 연약한 피부에 강한 성분의 세제는 매우 부담스럽다.

아파트 바닥재로 고급 목재를 사용하는데 문제가 발생한다는 보고이다. 깔끔하고 원목 무늬를 살린 나무 바닥재는 가공할 때 사용하는 접착제와 시공할 때 바닥에 부착할 때 사용하는 접착제가 문제가 된다. '포름알데히드(formaldehyde)'라는 접착제가 피부염을 유발하고 호흡기를 자극하고 심지어 성인병 유발 인자까지 발생할 수 있다. 물론 요즘은 건강을 고려하여 친환경 소재를 사용한다고 하지만 마음 편하지 않다.

인체의 산소는 곧 생명이다. 혈액이 전신에 순환되면 모든 조직이 평화롭다. 그런데 혈행(血行)장애로 머리에 혈액 공급이 안 되면 심한 두통이 발생하고, 말초혈관이 폐쇄되면 혈액 순환이 되지 않으면 손발이 차갑고 저리다. 당뇨병 환자분들은 다리가 괴사되어 절단의 아픔을 감수하게 되는 지경에 이른다. 이처럼 인체에 산소는 생명과 같은 구성 요소인데 비정상적인 암세포가 정상 세포에 혈액 공급을 저해 차단한다. 그래서 암을 예방하고 치유하려면 인체에 산소를 원활하게 공급해야 한다.

유산소운동인 산책이나 등산 등은 혈액 순환을 도와 체내에 산소를 공급한다. 나이와 체력에 맞는 적당한 운동은 암을 예방할 뿐만 아니라 치유에 도움이 된다. 좋은 공기 역시 암을 다스리는 데 많은 영향을 끼친다. 도심을 벗어나 시골이나 산속에서 요양하면 수명 연장뿐만이 아니라 암 치유가 되는 것은 맑은 공기가 큰 몫을 한다.

서울을 둘러싸고 있는 북한산, 오봉산, 남한산, 관악산, 청계산의 숲은 산소를 공급하지만 도시는 숨이 막힌다. 서울 주위 산은 오히려 대기 순환을 방해하여 대기 오염의 원인이 된다. 그 산의 외곽 쪽으로, 더 지방으로 내려가자. 그곳은 청정지역으로 건강한 산소가 차고 넘친다. 자동차, 냉난방시설, 고층빌딩, 아스팔트, 과밀 등은 산소를 잡아먹고 시민의 건강을 괴롭힌다.

오염되지 않은 신선한 공기가 암세포의 생성 전이를 억제하고 정상 세포를 형성하는 작용을 한다. 공해가 심한 도시를 떠나는 것만으로도 반은 치유되는 것이다.

자연에 반하는 공기, 음식, 정신 등으로 발생한 암을 본디 자연으로 돌아가 치유하는 것은 당연한 방법인지 모른다.

파란 하늘, 파란 숲, 파란 텃밭, 그리고 파란 마음은 명의의 알려진 비방이다. 유익한 것은 단순하고, 가까운 곳에 존재한다.

한의학은 '천기(天氣)'라 하여 공기의 중요성을 강조하고 있다. 시골 텃밭에 맑은 하늘의 기운이 차고 넘친다. 심호흡하며 교감하자.

② 피톤치드

전라남도 장성의 편백나무 숲은 암 환자들이 가장 가고 싶은 곳이다. 한동안 암 환우들의 성지였다. 그 숲은 일제 강점기, 한국전쟁을 거치면서 여느 산처럼 민둥산이었다. 해발 621m 축령산은 이제 편백나무와 삼나무로 채워져 있다. 780헥타르 규모의 늘 푸른 상록수림이 거대한 산소통을 이루고 있다. 그래서 암 환우들은 희망과 옷을 챙겨 그곳을 찾는다.

피톤치드(phytoncide)는 식물이 여러 균, 해충은 물론 다른 식물이 자라지 못하도록 내뿜는 휘발성 물질이다. 식물을 의미하는 피톤(phyton)과 죽인다는 치드(cide)를 합성해 만든 용어이다. 식물이 자라는 과정에서 상처 부위에 침입하는 각종 박테리아로부터 자신을 보호하기 위해 지속적으로 발산하는 방향 물질인 테르펜(Terpene)의 일종이다.

예를 들어 호두나무와 아카시아 주변에는 잡초가 거의 자라지 않는데, 이것은 피톤치드가 다른 생물의 발아나 생장을 억제하는 역할을 하고 있기 때문이다.

우리는 피톤치드만을 호흡하기 위하여 삼림욕을 하는 것이 아니라 테르펜에 다양한 약리작용이 있어 침엽수림을 찾는다, 테르펜은 인체에 흡수되면 신체를 활성화시키고 마음을 안정하여 살균, 살충, 탈취작용을 한다.

삼림욕의 효과를 가진 방향성 물질의 대부분을 차지하는 테르펜계의 피톤치드는 활엽수보다 침엽수에 다량 함유되어 있다. 일사량이 많고 온도와 습도가 높을 때 상대적으로 많다. 시기적으로는 겨울보다 수목 생성이 왕성한 여름에 피톤치드 양이 많이 분비된다. 오전 6시와 12시 사이에 발산량이 많다. 새벽 숲속에 들어가면 상쾌한 이유는 새벽 공기에 테르펜 함량이 높기 때문이다.

침엽수로 정유 성분이 많은 수목은 편백을 비롯하여 구상나무, 전나무, 서양측백, 삼나무, 향나무, 잣나무 순으로 밝혀졌다(김하영, 피톤치드의 비밀, 2003), 그런데 2013년 우리나라 자생 소나무에서도 편백 못지않은 피톤치드가 나온다는 연구결과가 나왔다. 충남대 산림환경자원학과에서 여름 장성 편백숲과 강릉 제왕산 소나무 숲에서 각각 3회에 걸쳐 피톤량을 측정했다. 그 결과 편백에서는 4.93ng(나노그램)/㎥, 소나무 숲은 5.29ng/㎥로 피톤치드가 더 많이 발산되었다. 이제 편백뿐만 아니라 소나무 숲도 휴양림으로 그 효능이 충분한 것으로 밝혀진 것이다. 이제 가까운 침엽수 소나무 숲을 찾자.

왜 그동안 피톤치드가 편백에서 가장 많이 나온 것으로 알고 있었을까?

연구진들은 일본인들이 편백을 주로 연구했기 때문이란다. 편백은 일본의 대표 수종이기 때문에 그 나무에 대한 연구가 집중된 결과라고 보고 있다. 그래서 우리나라 침엽수종인 잣나무, 전나무에서 나오는 피톤치드의 양(量)도 정밀 검사할 필요가 있다.

우리는 그동안 숲이 건강에 유익하다고 알고 있는데 이 피톤치드의 효과만으로도 그 가치는 충분하다. 숲을 찾자. 가능하면 침엽수림을 찾아 피톤치드를 흡입하자.

암 환자분들을 만나면 거의 두통을 호소한다(말기 암 환자에게 두통은 뇌로 암의 전이를 의심해야 하지만), 체내에 산소가 부족하여 두통으로 고통받고 머리가 혼미하다. 침 치료로 일시적으로 머리가 맑아지는데 오래 가지 못한다. 그런 환자분들에게 숲을 권한다. 가까운 남한산을 권한다. 그런데 숲을 다녀오면 신통하게 두통이 사라지고 몸도 가벼워진다. 숲이 우리에게 주는 힐링이요 치유다.

환자들에게 공기가 탁한 대도시는 치명적이다. 좋은 의료시설과 유능한 의료진이 있는 도시의 암센터에는 피톤치드가 없다. 물질(과학 의학)과 자연(숲)의 조화가 아쉽다. 의료와 자연의 혜택을 지혜롭게 받아들이자.

2) 음식

탄 음식, 짠 음식, 지방식은 발암 원인으로 알려져 있다. 요즘 대장암 환자가 증가한 원인은 과도한 지방식이다. 육식의 지방이 대장에 오랫동안 머물러 있으면 장내 가스 유해 물질을 발산하여 폴립이 생기고 악성종양으로 전변된다.

건강에 좋은 홍삼을 장복하면 혹, 암이 발생할 수 있다. 체질에 맞지 않으면 홍삼이 암의 증식을 촉진할 수 있다. 인삼 다당체는 면역력 증진, 항산화 효능, 혈당 조절까지 있다. 특히 인삼의 진세노사이드 사포닌 성분은 항암 효능이 있는 것으로 알려져 있다. 하지만 모든 암 환자에게 항암제로 작용하지 않는다.

인스턴트 식품에 함유된 방부제는 암의 필수영양제일 수 있다.

체질에 맞지 않은 음식을 먹으면 활성산소가 발생하여 쉽게 암이 발생할 수 있다.

농약 살포한 농산물의 중금속은 암 유발 원인이다.

이런 경우 생각할 수 있다. 조심스럽다.

그래서 공기 좋은 시골에서 농약 치지 않고 비료 주지 않고 친환경 채소 야채를 직접 가꾸어 먹으면 질병 발생 예방과 치유에 도움이 된다.

특히 암 환우는 육체적 정신적으로 매우 예민한 상태이다. 꼭 친환경 유기농 먹거리를 섭취해야 한다. 본인의 체질에 맞는 야채 채소를 먹어 면역력을 키워 암을 극복해야 한다.

그래서 텃밭은 의료 공간이고 치유 센터이다.

3) 신경

암의 원인은 유전자설, 환경인자, 음식, 신경성 등이다.

특히 신경성설은 현대인들에게 주의를 당부한다.

산업화로 자본시장의 영역이 커지면서 경쟁이 심하다. 생존을 위한 경쟁은 신경과다, 신경쇠약으로 우울증, 공황장애, 불면증, 편두통, 불안, 과민성 대장, 갑상선 질환, 심장병, 뇌혈관질환, 각종 암의 발생 원인이 된다.

울화병은 현대 신경성 질환이다. 화병은 면역력 저하를 초래한다.

火爲元氣之賊 (東醫寶鑑, 火)

화병으로 암이 발생하였으니, 화병을 다스려 암을 이겨야 한다. 법정 스님의 무소유도 좋고, 종교를 통한 기도 수행도 도움이 되고, 서적 강연을 통한 공부, 거친 산행으로 마음을 비우면 난치 불치 암도 사라진다.

현대의학에서 포기한 암 환자들이 귀촌 텃밭 생활로 극복한 경우, 그 원인은 마음 때문이다.

사망 선고 진단인데 무슨 걱정인가. 마음 비우고 삶의 욕심 버리고 시골로 내려가 건강 되찾아야 한다. 죽을 각오로 마음 비우면 산다. 사즉생(死卽生)의 정신이다. 삶의 집착은 악성종양을 키운다.

텃밭 암 환자의 성공담 공통점이 있다.

남편이 암에 걸리면 아내가, 아내가 암 환자이면 남편이 정성을 다한다. 그 육체적인 정성도 좋지만 치유의 염원이 크게 작용한다. 부부의 사랑은 곧 치유이다. 마음에서 우러나오는 애정은 치료의 영역이다.

암 환자임을 잊고 텃밭에서 땀 흘리고 신진대사를 돕고 면역력을 증진하면 건강을 회복한다. 건강한 신체는 몸 안의 독소(암)를 억제하고 소멸하는 힘이 생긴다. 특히 고민 없는 시골 텃밭은 무심(無心), 난치병도 다스린다.

악성종양 별거 아니다. 인간의 마음작용으로 극복한다.

초보 농부가 되어 단순하게 바보처럼 살면 악성종양이 줄어든다. 꾀부리지 않는 바보는 진짜 멍청이가 아니다.

마음 작용은 음식, 운동, 공기보다 더 우선한다. 마음을 다스릴 줄 알아야 제2의 삶을 맞이할 수 있다. 제일 중요한 처방이다.

성인(聖人)이 몸을 다스리는 법을 말한다.

자연 진리대로 행하고,

소박과 겸손을 즐기며,

마음이 바라는 대로 평온 고요한 상태를 유지하면

수명이 무궁하여 천지와 함께 다한다.

聖人爲無爲之事 樂恬憺之能 從欲快止於虛無之守

故壽命無窮 於天地終 此聖人之治身也 (黃帝內經 陰陽應象大論)

본인 혼자 마음 다스리기 쉽지 않다. 가족의 애정과 함께, 텃밭은 더 큰 조력자이다.

공감 능력이다. 텃밭을 통해 그 험한 고비 넘기자.

당신은 텃밭의 성인(聖人)이다.

멜라토닌 텃밭

우리나라 성인의 73%는 수면장애를 겪는다. 특히 도시인들은 정신적인 스트레스 원인으로 우울증, 공황장애, 불면증 등 정신신경 질환에 시달린다. 경쟁 사회의 사회적 구조는 인간의 정신을 무너트린다. 선천적 후천적 신경쇠약은 잠 못 드는 밤을 만든다. 길고 지루한 잠 못 이루는 밤은 고통의 시간이다. 그리고 피로와 함께 하루를 시작한다. 밤이 무너진 낮 역시 고통스럽다. 무력, 의욕 상실, 식욕부진, 우울증 등이 삶의 질을 떨어트린다. 수면장애는 인체의 기능을 저하시킨다. .

질환이 있으면 마땅히 치료가 있어야 한다. 그런데 불면증은 난치 질환에 속한다. 운동기 질환의 진통제와 수면장애의 안정

제는 근본 치료가 아니다. 양약 복용으로 억지 잠을 자고 난 다음 날 입이 마르고 몸이 처진다. 수면유도제를 복용하지 않으면 여지없이 불면의 밤을 보내야 한다. 밤이 두렵고 무섭다.

하루 7~8시간 수면을 취해야 하는데 밤의 뜬 눈은 고통이다. 정신신경과 명의의 상담과 처방도 효과가 없다. 신경 쓰지 말고 긍정적인 생각을 하라는 뻔한 처방이 고작이다.

질환의 고통을 의료기관에서만 의지하지 말자. 도시, 아파트, 침대에서 벗어나 시골, 텃밭, 그리고 거친 땀을 체험해 보자.

농촌진흥청이 '텃밭 활동이 수면의 질에 미치는 영향'을 과학적으로 입증했다. 텃밭에서 이랑 만들고 풀 뽑고 1일 2시간씩 3개월 노동하였는데 수면장애가 완화되었다. 수면의 질(PSQI) 지수가 40.8% 개선되었다. 수면 효율이 낮은 참여자들은 텃밭 활동을 통해 수면 형태의 질이 크게 향상되었다.

누워있는 시간 중 잠든 시간을 나타내는 수면 효율은 뇌파와 안구운동 혈중 산소 포화 농도 등을 측정하는 수면다원 검사로 확인했는데 '신체활동'이 좋아졌다. 낮의 적당한 노동과 햇볕의 긍정적인 효과로 수면의 질이 향상되었다. 땀 흘려 고단한 육체는 약에 의지하지 않고 오랜만에 잠에 든다.

또 텃밭의 상추 등 채소류가 수면에 도움이 되었다. 토종 상추는 기능성 물질인 '락투신' 함량이 일반 상추(1g당 0.03mg)보다

124배(3.74mg) 높다. 친환경 채소, 나물, 버섯 등이 항산화작용을 한다. 체내 산소 공급원으로 신경을 안정시킨다.

상추뿐만 아니라 유기농 채소, 과일은 체내 산소 공급원으로 기능을 활성화하여 수면에 도움을 준다.

햇빛은 체내에 비타민D를 생성하는데 절대적으로 필요하다. 비타민 D는 세로토닌(Serotonin)을 생성하는데 심혈관질환을 예방하고 우울, 불안의 정신적 안정을 유도하고, 수면의 질을 향상시킨다. 시골의 텃밭은 태양이 차고 넘친다.

시골 텃밭의 맑은 공기는 정신을 맑게 하고 정신을 안정시킨다. 텃밭 생활의 무심(無心) 무위(無爲)로 마음을 비운다. 도시의 무한 경쟁 대신 절대 평온한 시골을 찾자.

적당한 노동은 근관절을 자극하고, 땀은 체내 노폐물을 배설한다. 신진대사를 촉진하며 모든 기능을 활성화한다. 좀 과한 노동은 신체의 모든 해부학적 구조를 들쑤시고, 지친 몸은 피로를 풀기 위해 잠을 청한다. 에너지가 고갈되면 인체는 생존을 위해 쉬어야 한다. 지친 몸은 숙면에 든다.

불면증은 울화(鬱火)병이다. 신경과다로 인한 화의 기운이 왕성하여 질병을 유발한다.

정원 농장의 목(木)과 토(土)의 기운이 울화(鬱火)를 다스린다. 목(木) – 화(火) – 토(土), 상생(相生) 관계이다. 목단 작약을 심고, 배

사과를 기르고, 고추 상추를 키우는 텃밭은 정신 건강에 으뜸이다. 녹색 식물을 통해 안정을 찾는다.

텃밭은 수면 호르몬을 분비한다.

浪漫

세월을 태우다

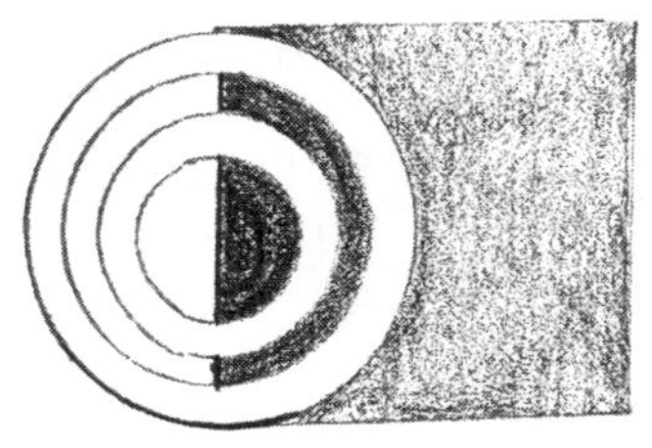

호(好)다, 텃밭 1년 중 제일 좋은 계절은 단연 가을이다. 따뜻한 가을볕에 곡식이 익고 농부는 풍요를 수확한다. 봄바람에 발아한 생명은 여름 폭염과 장마를 즐기고, 견디고, 성장하고 의젓해진다. 가을은 성숙해지고 농산물에 알통이 생긴다. 농부의 땀으로 큰 결실은 서서히 무게를 이기지 못해 고개 숙인다. 정말 정신없이 매달린 고추도 서서히 성장을 멈추고 매운맛이 깊어진다. 고구마를 캐고 들깨를 턴다. 감이 노랗게 익어가고 가을 농부의 얼굴은 홍시처럼 홍조를 띤다. 가을 해는 사납지 않고 바람 역시 차갑지 않다. 화려한 가을은 그리 길지 않다. 가지 말라며 손을 꼭 잡아보지만 이내 첫서리 내리고 첫눈을 준비한다.

바삐 가지 말라 애원하지만 하늘의 구름처럼 도도히 흐른다.

이동식 6평 농막 앞마당에 잡초, 토끼풀, 질경이가 몸을 납작 엎드려 있다. 잔디보다 더 정감 있는 시골집 앞마당이다. 혼자 나고, 혼자 자란 그 하찮은 풀들이 정겹다. 그냥 밟아도 싫은 내색하지 않는 그들의 너그러움이 가슴에 닿는다. 그동안 지나친 풀들이 눈에 밟히는 것은 급하지 않은 가을 햇살 때문이다. 더불어 살아가는 민초들 가을 텃밭에 가득하다. 이 또한 무소유의 수확이다. 소유하지 않아 더욱 가슴이 아리다.

질경이의 검은 씨앗이 가을 바람에 흩날린다. 더위를 견디고 성장한 질경이는 씨앗을 허공에 날려 보낸다. 그 작은 생명은 어느 밭두렁에서 겨울을 지내고 봄기운에 싹을 틔울 것 이다. 작은 풀도 종족 번식을 통해 자신의 존재를 알리고 싶다.

그리고 어릴 적 그 여치, 메뚜기, 방아깨비, 풀벌레 지천이다. 가끔 개구리의 점프로 놀라지만 반갑고 고맙다. 그 생명은 풀숲에서 가을을 즐기고, 농부는 그 풍경을 즐긴다. 농약을 먹지 않은 대지는 작은 생명조차 버리지 않는다. 포옹이다. 무릇 생명과 자연의 호흡이다. **바람조차 생명이다.**

공(空)이다. 의자에 앉아 봄에 장만한 따뜻한 엉겅퀴 차를 마신다. 커피에 그을린 얼굴이 환해진다. 은은한 향기는 대우주를 품는다. 분노는 사라지고 욕심은 비우고 어리석음은 소멸된다. 초보 농부의 텃밭은 명상의 공간이다. 그저 땀 흘리던 텃밭이 가을이 되면 저절로 사유의 장이 된다. 텅 빈 충만, 공의 시간이다. 도시에서 느끼지 못하고, 분주하면 즐길 수 없는, 물성(物性)에 대한 열정이 있는 사람이 즐길 수 있는 공간이다.

그리고 몇 차례 바람이 지나면 낙엽 지고 숲은 앙상한 가지만 남는다. 숲은 가끔 사나운 바람을 만들며 거칠어진다. 봄, 여름, 가을을 지낸 숲은 겨울을 맞이할 준비를 한다. 화려한 시간을 접고 이제 적멸을 준비한다. 폭설과 혹한을 맞이하기 위해서 간혹 차가운 숨을 쉰다. 얌전하면 겨울을 지낼 수 없다. 가끔 좀 매몰찬 바람을 만들어 낸다. 그래서 늦가을의 바람은 좀 고독하다. 늦가을 숲의 색은 팔레트에서 찾을 수 없다. 단풍, 낙엽까지 버린 숲은 과묵하여 한동안 숨을 쉴 수 없다.

화려하지 않고 누추하지 않은 숲은 좀 춥다. 그 숲을 보고 있으면 왠지 눈물이 날 것 같다. 여윈 숲, 앙상한 나무 사이를 걷는다. 잎을 떨군 나무 위의 하늘도 유난히 차다. 맥없이 낙엽을 걷어차 보지만 스산한 가슴에 찬바람이 엄습한다. 그동안 살아온 길을 더듬는 것은 겨울 준비 때문이다. 추위와 어둠의 긴 밤을 맞이해야 한다.

늙은 감나무의 감은 농부가 따고, 잎은 세월이 딴다. 잎 하나

없는 수척한 나뭇가지 하늘에 떠 있다. 모든 것을 버린 생명은 울림이 있다. 농부는 여윈 가지에 앉고, 외로움이 옆에 앉아 동행한다.

고독은 혼자만의 영역이다. 대중 속의 고독은 울림이 적다. 혼자만의 고민, 사유, 성찰이어야 고독은 성장한다. 그래서 **고독은 성장통의 가치를 가진다.** 그래서 고독은 변화와 미래를 잉태한다. 고독이 외로움으로 그치면 본질이 훼손된다. 고독은 희망으로 가는 과정, 감성이어야 한다.

모차르트 바이올린 협주곡을 듣는다. 마치 유치원 다니는 손주 엉덩이처럼 탱글탱글한 선율이 충만하다. 빠르지도 느리지도 않은 진행은 긴장이다. 강하지도 약하지도 않은 음률의 혼을 듣는다. 피아니시모와 포르테의 현은 관객의 심장으로 들어간다. 화려하지만 왠지 어둡고 무겁다. 힘 있고 맑은 음악의 저변에 슬픔이 흐른다. 작가는 슬픔을 기쁨으로 승화할 뿐이다. 고독은 웅장하고 화려한 보호색을 띤다. 그는 슬픔, 외로움을 그대로 드러내지 않는다. 그저 담담한 울림만 전한다. 천재에게 **기쁨과 슬픔, 화려함과 외로움은 동질성이다.** 그의 협주곡은 고독을 그대로 드러내지 않아 더욱 쓸쓸하다.

음악과 회화의 근원은 쓸쓸함이다. 예술의 심연에 고독이 흐른다. 예술인은 그 외로움을 즐긴다. 거친 바람, 늦가을의 예술이다.

늦가을의 밤은 깊어간다. 숲속의 새는 날개를 움츠리고 곤히 잠들었다. 겨울을 준비하는 11월 말의 어둠은 더욱 진하다. 아직 첫눈이 오지 않아 가을이라 하지만 밤공기는 겨울이다. 호적상 가을이지만 실제 나이는 겨울이다.

가지만 남은 나무는 고독을 즐기기 위한 좋은 소품이다. 고사목처럼 녹색을 버린 나무는 고독하다. 앙상한 나무 한 그루 가슴속으로 들어온다. 찬바람에 어깨를 움츠린다. 그 찬 공기를 느끼는 농부의 가슴이 빈다. 오랜만에 느끼는 공허함, 살 것 같다.

불의 시간이다. 성냥에 불을 붙이고 마른 낙엽은 하얀 연기를 뿜더니 이내 불이 붙는다. 차츰 불은 커지고 주위의 어둠을 삼킨다. 잔가지를 넣고 이내 불은 타닥타닥 소리를 낸다. 시각과 청각을 자극한다. 분홍색 불꽃이 작은 기둥을 만든다. 좀 굵은 나무를 넣는다. 무생물은 잠시 후 생명체가 된다. 잠시 불이 숨을 죽이더니 차츰 움직임이 커진다. 큰 나무를 태우기 위한 작은 몸부림은 오래가지 못한다. 소심한 불은 차츰 성을 낸다. 나무는 차츰 불기둥이 되어 거친 숨을 쉰다. 이제 불은 한동안 생명력을 잃지 않을 것이다.

의자에 앉은 초보 농부는 물끄러미 불의 성찬을 즐긴다. 성난 장작불은 속살까지 태울 작정이다.

차가운 가을밤 저만치 산 능선 위로 초승달이 처연하다. 그렇게 보이는 것은 초보 농부가 계절 타는 탓이리라. 어쩌면 불놀이를 저 달과 함께 즐기는지 모른다. 초보도 혼자, 저 달도 혼자, 저 불꽃도 혼자. 차가운 바람도 짝을 잃었다.

종이상자에 '불꽃축제' 초청된 기록지 가득하다. 세월을 통한 성찰, 의식이다.

준비한 일기장을 불 속에 던진다.

그동안 간직한 추억, 젊은 날의 열정과 다짐이 조용히 타들어 간다.

본인만의 서툰 언어, 시간. 이제 헤어진다.

종이에 새긴 이야기들, 이제 가슴에만 남긴다.

교복과 교모를 쓴 까까머리, 친구들과 찍은 빛바랜 사진들

그래도 몇 장 남기는 것은 아쉬움 때문이다.

연기는 머리 풀고 하늘나라의 은사님께 올라간다.

맞춤법 틀린 젊은 날의 시와 소설을 태운다.

고독의 화장터,

불면의 밤은 나름 낭만이었다.

문학 소년이 성장을 멈춘 것은 착한 아픔일 뿐
안될 떡잎 일찍 포기한 것은 현명했다.

읽지 않으면 젊음을 포기한 것이라며 탐독한 사상서
용돈을 아껴 산 문학 전집
주인을 잃은 지 오래다
언어는 불 속에서 유골로 변한다.

한문으로 가득 찬 전공 서적
대를 잇지 못했으니
이제 그저 종이에 불과하다.

산속에 지혜가 있다고 꼬드긴 선배 따라다닌 산, 산행기
산은 늘 그 자리에 있으니, 그 기록은 존재하지 않아도 된다.
이제 불 속에서 그 정렬을 태운다.
그래도 산은 인문학 공간이었다.
그 선배의 노가리는 거짓이 아니었다.

그동안 간혹 기록한 가계부와
1년 다이어리와 탁상일기 불 속으로 던진다.

술에 취한 술값, 수많은 약속,
세월이 탄다.
후두둑-후두둑- 희로애락이 춤을 춘다.

세무조사 받은 그 험한 조사 기록들 불이 삼켜버린다.
맷집없이 사회인으로 살기 어려웠던 추억들.

의료봉사로 받은 표창장을 태우는 불꽃은 쑥스럽다.
염치없다.

위암 말기 어머니의 쾌유를 바라는 막내의 간절한 기도문은 어둠 속에 떨고 있다.
볼이 홀쭉하고 창백한 어머니의 그날을 기억한다.
눈시울이 뜨겁다.
어둠 속에서 얼굴을 감싼다. 한동안 불꽃도 멈춘다.
언젠가 어머니를 만나러 가겠지.
밤은 더 깊어가고, 불은 더 타오른다.

졸업장 졸업증서
태우지 못하는 것은

어머니의 고생과 정성 때문이다.

그리고 그동안 웃었던 웃음과 흘린 눈물을
저 어둠의 불꽃에 던진다.

불을 만난 세월이 영혼을 남긴다.

한 줌 재로 변한다. 적멸의 밤은 깊어간다. 명상까지 삼킨 어둠이다.

추억과 세월을 태우는 차분한 축제의 밤은 잊지 못할 또 하나의 추억이다.

밤은 깊어가고 차츰 불길은 작아지고 있다. 서서히 타오른 불꽃의 축제는 차분하다.

마지막 남은 잉걸불을 보면서 초보 농부의 가슴은 훈훈하다. 버려서 더 평온하다. 추억을 지운 가슴은 드넓다. 지난날을 태워 새날을 얻는다.

농부는 혼자가 아니다. 저 초승달이랑 저 찬바람이랑 하나가 되었다. 더불어 살자고 다짐한다.

태우고 버린 그 불꽃이 새 생명이 되어 가슴으로 들어온다.

귀촌 3년을 정리하며

무상한 세월은 귀촌에서도 예외가 아니다. 이양을 만들어 고추 모종 심어 몇 차례 풋고추 따 먹고, 몇 차례 가을 무와 배추를 수확했다. 나름 좌절과 성취가 반복하는 초보 농부의 일상이었다. 그래도 대도시 깨끗한 환경에서 벗어나 시골에서 흙과 지낸 땀 흘린 시간과 공간이 소중하다. 지금도 진행 중인 텃밭 귀촌 생활이 즐겁고, 한편 고단하다. 아직 초보 딱지 떼지 못했지만 나름 지나온 시간이 귀하다. 아직 후회보다 귀촌에 대한 정열이 넉넉하다. 진료실에서 가끔 텃밭의 고추가 크고 초대받지 않은 잡초가 무성하게 자라고 있다.

3년 귀촌의 수확이 풍년은 아니지만 흉작은 아닌 것 같다.

* 기름값도 안 나오는데

그 맥없는 짓을 한 지 만 3년이 지나 4년째 되었다. 집과 텃밭을 오가며 적발된 신호 과속 위반 과태료로 충분히 채소를 사고 남을 거라며 볼멘소리를 하는 아내에게 기죽은 지 오래다. 거의 개인 약속하지 않고 텃밭을 오간 시간은 나름 열정이었다. 텃밭에 가면 힘들고, 가지 않으면 허전한 공간이 되었다. 어쩌면 제대로 짝사랑한 셈이다.

과거를 더듬는 것은 성찰이요, 그 값진 반성을 통해 미래를 여니 희망이다. 텃밭에서 채소, 잡초, 모든 산 것들과 다투던 시간을 회상하는 것은 앞날의 준비다.

보리밭을 가꾸기 전과 달라진 것은 신체적 변화이다. 허리 가죽 벨트 구멍이 족히 2개쯤 줄어들었다. 아마 다음 건강검진에 비만도가 확실히 줄어들 것이다. 젊은 어르신의 복부 비만이 사라진다. 팔의 이두박근과 허벅지의 대퇴근은 좀 튼실해졌다. 나이 들면 근육은 빠지고 지방은 축적되는데, 귀촌인은 육체적 건강이 좋아진다. 허리가 곧게 세워지고 몸이 가볍다.

그런데 얼굴은 도시형에서 시골형으로 변하고 있다. 우선 하얀 피부는 검게 그을렸다. 아무리 자외선 차단 크림을 바르고 긴 채양 달린 모자를 써도 시골은 태양이 넘친다. 그 햇볕은 채소와 과일에게 중요한 영양분인데 초보 농부에게는 피할 수 없는 그을림이다. 고운 피부 거칠어졌지만 마음이 그을린 것은 아니라며 자위한다. 연약한 가슴이 좀 단단해진 느낌이다.

땀을 많이 흘려 턱살이 빠져 영 보기 흉하다. 턱에 없던 큰 주름이 생기고, 눈가의 주름은 골이 깊어졌다. 귀촌 생활, 그리 낭만적이지 않다. 밭의 일이 지천인데 노닥거릴 수 없다. 등받이 긴 흔들의자에 앉아 커피 마시는 귀촌인은 게으른 배짱이, 오래 가지 못한다. 노동은 과해지고 도시의 허약한 피부와 근골격은 퇴행이 이루어진다.

적당하면 건강에 도움이 되지만 과하면 해롭다. 그동안 3년의 텃밭은 건강에 어떤 변화를 주었을까? 차가운 이성적 판단이 필요하다.

어쩌면 비닐하우스에서 자란 국화가 햇볕 강한 노지(露地)에 나온 격이다. 우리에 갇힌 맹수가 방사(放飼)되어 숲으로 들어가 야성을 찾은 것이다. 본디 인간은 땅과 멀어지거나 헤어져 살 수 없다. 단지 경제활동, 자녀 교육 등으로 잠시 도시에 머물고 있을 뿐이다. 얼굴이 검게 타고 볼살이 빠져도 육체적 건강은 단단해진다. 귀촌 400평 경작은 건강에 무리할 정도의 땅이 아니다. 그동안 도시형 체력이 시골살이에 적응하는 과정이라 벅찼을 뿐이다. 이제 걸음마 마쳤으니 요령 있게 땅을 활용해야 한다.

정신적 변화가 있었을까? 평소 우울, 외로움, 대인공포 등 정신적 불안은 텃밭 생활에서 극복할 수 있다. 정상 생활보다 좀 과한 노동은 정서 불안을 생각할 겨를이 없다. 땀 흘리며 풀 뽑기 바쁜데 외로울 시간이 없다. 그저 자연과 다투고 어울리며 지내야 하는 시골살이는 마음의 평정심을 찾는다. 시골에서 외로움은 사치(奢侈)다.

텃밭 공간은 적당한 시련과 희열을 제공한다. 특히 혼자서 즐길 수 있고, 가끔은 가족, 친인척들과 자연을 통해 교감하는 공간이니 더 이상 바람이 없다. 도시에서 집에서 무료하게 텔레비전에 빠지거나 유튜브에 몰입하지 않고 자연과 더불어 지내는 공간이니 좀 넉넉하다. 토요일 오후 뭐하지? 일요일 어디 놀러 갈까? 고민할 필요 없다. 며칠 전 파종한 열무의 싹이 올라왔는지? 저번 일요일 심은 고추 모가 땅 맛을 보았는지? 하찮은 일이 큰일 이다. 그저 **생명체에 대한 울렁증이 정서까지 자라게 한다.**

* 농기구를 닦고 마음을 씻고

3년 지나 이제 농사짓고 하루를 마치면 흙 묻은 호미, 괭이, 삽을 지하수 물로 깨끗이 닦는다. 내일 다시 사용할 농기구이니 정성과 애정을 갖는다. 녹슬지 말라는 깊은 뜻이 작용하지만 이제 그만큼의 여유 때문이다. 흙으로 범벅이 된 장화를 씻고 다음을 기약하는 것은 나름 초보 딱지를 떼고 싶은 당찬 포부이고 여유이다.

농기구는 원시적이면 족하다. 아마 신석기 시대가 조금 진화된 철기시대의 것이다. 구부리고 두들겨 만든 농기구이면 텃밭 농부는 자족한다. 트랙터, 이양기 등 가솔린으로 작동되는 금속성의 엔진 소리가 싫고 무섭다. 시간당 작업량이 적지만 꾸준히 호미질하고 괭이로 파고, 삽으로 땅을 옮기는 착한 노동, 그만큼의 대가면 족하다. 귀촌은 농산물 대량 생산이 아니다. ***귀촌은 율동이 큰 소꿉놀이이다.***

초등학생의 필통 안에 몽당연필, 자, 지우개가 들어 있듯이 농부의 농막 처마 밑에 비를 피한 농기구가 있다. 초등학교 4학년 수준의 농부는 허둥대지 않고 차분히 밭농사 지을 생각을 한다.

그래서 농기구는 흙 공부의 기본 도구이고, 그 관리는 초보의 기본 정신이다. 시험장에 나가는 수험생의 필기구처럼, 전쟁터로 나가는 병사의 무기처럼, 농기구는 농부의 수족이다. 수족의 귀함을 알기 시작한다.

* 소년이 되고, 소녀가 된다

나이 들면 근력 빠지고 기능은 허약하고 의욕은 약해지고 용기는 감소한다, 눈의 광택은 흐릿하고 피부의 탄력을 잃어 짜글짜글 주름이 생긴다. 청력이 떨어지는 증상은 심각한 건강의 적신호이다. 볼, 가슴, 엉덩이의 탄력이 약해 늘어지고 처진다. 눈 밑 피하 지방은 세월의 눈물이다.

심지어 나이 들면 방광의 수축력이 약해지고 늘어져 소변을 참지 못하는 요실금이 생기고, 어르신의 위장은 늘어져 위하수가 발생하여 식욕과 소화력이 떨어진다. 오장육부의 기능이 약해 면역력 저하로 많은 질병이 발생한다. 뇌 기능의 저하로 기억력감퇴, 건망증, 치매, 파킨슨병을 유발한다.

세월로 의욕이 감소하고 매사 귀찮아진다. 얼굴의 잔주름처럼 의식의 잔주름이 생기고 영감이 된다. 긴장감이 약해지고 삶의 질이 떨어진다. 하지만 나이 탓만 할 것인가. 삶의 존재 의미를 놓치면 안 된다. 내면의 세계, 정신적인 영역을 챙겨야 한다. 마음까지 피부처럼 늘어지면 안 된다. 그동안 살아온 경험, 지혜를 통해 정렬의 세월로 살아야 한다.

자신과의 다툼, 부부간, 부자지간, 친구 사이, 직장 사회와의 소통 역시 인생살이 필요한 살림살이이다. 사람과 사람과의 관계 지혜롭게 이끌어야 한다.

특히 한 인생의 자연과의 소통은 그 삶의 깊이, 인격이다. 자연을 통해 자신을 성찰하고, 숲을 통해 자신을 살피고, 바람에 자신의 의식을 실어보고, 지천에 돋는 하찮은 쑥 향기에 취해 본다. 어쩌면 늘어나는 주름과 흰머리에 반비례하게 자신의 의식은 세련되고 시대정신을 잃지 않는 공간이 텃밭, 귀촌인지 모른다. 뒷방차지 하지 말고 이 사회 중심에서 존재하자. 자연을 통한 성찰이니 신세계이다.

* 농장에서 정원으로

귀촌 텃밭은 재미있다. 씨앗 뿌리고, 새싹 올라오고, 키 크고, 수확하고. 평소 동네 마트에서 사 먹던 채소를 직접 재배하니 애정이 소중하다. 가족의 먹거리 손수 재배하는 기쁨은 땀이 있기 때문이다.

그런데 그 땀의 주된 원인은 잡초이다. 파종하면 채소보다 잡초가 먼저 올라온다. 주인은 나타나지 않았는데 불청객이 먼저 나타난다. 야채보다 훨씬 많이 훨씬 크게 나타난다. 그래서 요즘 비닐 멀칭, 부직포를 이용하여 잡초의 발생부터 억제하여 농부의 손을 던다. 제초는 격한 노동이고, 오이 심고 고추 따고 생강 캐는 일은 여가이다.

옆집 주말 귀촌인 고추밭은 풀 한 포기 없다. 고랑은 부직포 깔고 두둑에 비닐 멀칭하고 500원 동전 크기 구멍에 고추 모를 심었다. 흙이 노출되지 않아 풀이 자랄 수 없다. 원천봉쇄. 필자는 그 옆집 고추밭을 보면 숨 막힌다. 착한 땅에 목을 조인다. 비옥한 땅은 숨 막히고 탄소동화작용이 힘들고 몸의 가스 배출도 어렵고 흙의 저항력 저하로 병충해 쉽게 발생할 수 있다. 아마 초보 농부의 괜한 우려, 기우일 수 있다, 하지만 비닐 멀칭, 부직포의 화학성분과의 접촉뿐만 아니라 잡초 발생 억제를 위해 토양을 덮는 것은 올바른 농법이 아닐 수 있다. 빛과 그림자가 있다.

텃밭 생활의 고민, 고충, 고통 1번은 잡초이다. 그래서 주위 경험 많은 어르신들이 채소 대신 나무를 추천한다. 나무는 관리가 편하여 농부의 시간을 가질 수 있단다. 나무는 어느 정도 잡초가 허용되고, 관리가 편하다. 나무 아래 적당한 잡초는 풀벌레 공간으로 먹이사슬로 작용한다. 풀을 뽑지 않고 제초기로 휙 자르면 그만이다.

그리고 매년 심는 채소가 아니라 다년생 꽃을 심으라는 주문이다. 다년생 꽃을 심으면 꽃이 성장하여 그늘이 생겨 풀이 나지 않는다.

고추 오이 상추의 농장에서 살구, 블루베리, 대추, 다래 과수원으로 채송화, 맨드라미, 수국 철쭉, 원추리, 국화, 제라늄, 메리골드의 정원이다. 농부의 손이 덜 가고 생명의 귀함과 변화를 느끼면 자족(自足)이다. 유실수를 심어 미각을 즐기고, 꽃의 정원을 통해 오감이 즐거운 귀촌 생활이다. 잡초와 덜 부딪치는 여유로운 공간이다.

정원에 대한 예찬은 헤르만 헤세의 《정원 가꾸기의 즐거움》을 권한다. 그는 작가이기에 사상가일까, 아니면 사상가의 언어 표현일까. 글 쓰는 작가가 땀 흘리는 정원을 왜 가꾸었을까? 시간, 노력 낭비가 아닐까? 하지만 그에게 **정원은 또 다른 문학이다**. 정원을 통해 문학이 풍요로워진다.

눈이 뻑뻑하고 머리가 아프기 시작하면

꽃과 나무가 있는 정원으로 간다

글쓰기에서 도망칠 수 있는 나의 안식처로

노동을 가장한 휴식

상상의 실타래가 한없이 풀리는 명상

영혼이 자란다

즐거움이 자란다

이쯤 되면 한 작가의 정원에 대한 예찬은 극에 달한다.

독자도 정원사가 된다.

어쨌든 자연은 자비이다

그는 정원 농원의 자연을 사상, 신앙으로 본다. 그에게 정원은 단순히 꽃동산이 아니라 불국토인 셈이다.

정원이 부른다. 자연이 유혹한다. 또 다른 세상을 꿈꾼다.

초보 농부 내년 봄, 농원에서 꽃과 나무를 사야겠다. 착한 유혹이다.

* 거친 자연

잡초도 귀촌 가족이다. 잡초 제거하면서 땀 흘리고 체내 노폐물 배설하는 순기능이 있다. 지나치면 텃밭이 아니고 풀밭이 되어 마땅히 제거해야 한다. 농막 앞마당 적당한 잡초는 같이 지내는 여유 마음이 생겼다. 마당의 잡초는 그저 민들레 질경이랑 토끼풀이랑 엉겅퀴 망초랑 같이 자란다. 장마가 지나면 한 번 쯤 제초기로 베어내고 같이 지내기로 한다. 풀이 싫어 파

쇄돌이나 야자 매트를 깔아 깨끗하게 하라는 충고와 주문은 정중히 거절한다. 잔잔한 잡초와 더불어 사는 재미가 있다. 앞마당 먼지를 재우고 장마 배수를 돕는다. 잡초의 속마음도 파랗다. 인조, 인공, 인위보다 거친 자연이 더 좋다. 우리는 어쩌면 저 잡초인지 모른다. 그 쓸모없는 풀을 통해 한 생각 넓힌다면 고마운 존재이다. 그래, 착한 고집이라 생각한다.

잡초는 악이고, 농산물은 선이 아니다. 텃밭에서조차 내편 네편 나누지 말자. 그저 모두 식물, 자연이다.

초보는 농사뿐만 아니라 사물을 보는 시야 역시 유치하다. 하지만 유아 걸음마 하듯이 서서히 걸음을 준비해야 한다. 홀로 서서 세상을 보는 의연함을 키워야 한다. 항상 초보가 되어 걷지 못하고 기어 다니면 힘들다. 세월 속에 걸음마를 배우는 일은 정열이다.

어쩌면 평생 초보로 살아갈지 모른다. 항상 배우고 싶은 초보, 맥없이 땀 흘리는 초보, 초보에서 벗어나지 못할 수 있는 초보, 방울토마토 몇 개에 눈물 흘리는 초보, 바보 초보, 초보 바보(fool)는 어리석지(stupid) 말자고 다짐한다.

* 노을의 텃밭

토요일 늦은 오후, 시간 가는 줄 모르고 텃밭을 가꾸다 보면 남한산 자락으로 넘어가는 일몰을 맞이한다. 정신없이 지낸 1주일, 한 달, 1년을 돌아본다. 햇살은 벌써 사라지고 여유로운 산 그림자 길게 텃밭에 누웠다. ***노을이 내려앉은 보리밭에 정적이 개화한다.*** 침묵은 언어가 되고 거친 바람도 잠시 멈추고 명상에 든다. 철없는 딱새, 괜히 두리번거리는 것은 고요 때문이다. 고요까지 소멸된 시간, 적멸(寂滅)의 밤을 기다린다. 이 좁은 텃밭에 펼쳐진 드넓은 평화를 홀로 느끼는 귀촌인의 눈시울이 붉다.

아직 땅에서 땀 흘리는 시간과 공간이 귀하다. 작은 자연에서 그 가치를 느낀다.

하루의 고단한 노동을 마치고 집으로 돌아가는 농부의 일몰을 기억한다. 저 멀리 펼쳐진 호남평야의 일몰은 장엄했다. 대우주를 품은 평야의 낙조는 또 하나의 일출이었다. 잠시 잠들 뿐 내일 다시 솟아오를 그 태양을 기억하는 소년이 있었다.

아직 밤이 되려면 멀다. 그동안 고단한 땀을 흘릴 것이다. 그리고 그렇게 다가오는 노을과 밤을 맞이할 것이다.

초보 농부는 저 노을처럼 길게 누워지내다 저 숲속으로 들어가는 상상을 한다. 화려하지 않지만 초라하지 않은 노을. 그렇게 준비한다. **품위 있는 일몰이다.**

하늘과 땅은 이미 술을 사랑했다

막걸리 탁주는 농주(農酒)이다. 농사에 지친 농부는 막걸리로 갈증을 풀고 허기진 배를 채웠다. 술 힘으로 그 거친 땅을 일구었다. 술과 땅은 공존의 가치이다. 술은 필요의 악이 아니라 선이다. 구성진 농부가의 밑자락에 탁주가 있어 그 흥은 극에 달한다. 막걸리는 농부의 시름을 풀어주었다. 술은 척박한 땅을 달래고 위로해 준다.

퇴근하고 텃밭을 찾은 토요일 오후.

텃밭 농부의 하루가 시작된다. 세탁하기 쉽고 잘 마르는 허드레옷으로 갈아입으면 초보 농부가 된다. 얼굴 검게 타면 피부 건강과 미용에 해로워 자외선 차단 크림을 듬뿍 바르고 차양이 큰 모자를 쓴다. 마지막 장화를 신고 텃밭으로 출근한다. 제2의 직장이다.

생강밭 풀을 뽑고 웃거름을 준다. 생강 사이 작은 공간에 호미로 땅을 조심스럽게 파 발효된 퇴비를 넣고 흙을 덮는다. 생강의 밥이다. 밑 거름이 아침 식사라면 7월, 8월 한 차례씩 웃거름을 주는데 점심, 저녁 식사인 셈이다. 이 세 끼 식사를 거르면 가을 소출이 준다.

농업 농사의 기술은 그리 어렵지 않지만 무시하면 귀촌인의 자격이 없다.

6월 중순부터 시작되는 장마철이 되면 텃밭에 잡초 무성하고 농부 가슴에 근심 가득하다. 1주일 후에 만나는 텃밭은 생경하다. 생강밭이 풀밭으로 변한다. 자연은 가혹하고 농부에게 시련을 준다. 방치하면 잡초는 분명 생강보다 훨씬 깊게 뿌리 내리고 훨씬 풍성하게 잎이 자란다. 생강은 그 그늘에서 성장을 멈추고 휴식에 든다. 생강 고이 평생 잠든다.

이런 자연과의 다툼으로 농부의 손이 거칠어지고 척추 관절은 퇴행, 변형된다. 태양과 땅 사이의 농부는 서서히 지친다. 여가, 휴식, 여유를 찾은 시골은 노동일 뿐이다. 거친 시간 속에 몸 역시 거친 숨을 몰아쉰다.

토요일 오후 3~4시간 땀 흘리고 집으로 돌아온다. 가정의 평화는 곧 텃밭의 안녕과 연관된다. 도시를 소홀하면 시골 생활이 망가진다. 혼자 나대지 말자.

집에서 샤워하고 텃밭에서 따온 푸성귀 안주 삼아 마시는 맥주는 귀촌인의 귀한 의식이다. 후미진 골목 식당에서 마시는 술과 다른 맛과 멋이 있다. 정말 하루 자연과 지낸 그 거친 시간의 보상, 위로, 그리고 가치를 느낀다. 노동으로 열 받은 육체는 시원한 맥주로 갈증을 푼다. 땀의 대가이니 맥주는 더 진하고 시원하다. 한 캔으로 부족하면 농축된 40도 증류주는 또 새로운 친구가 된다. 독한 만큼 아찔하다. 우리들의 우정(?) 변치 말자고 약속한다.

텃밭 부추에 멸치 액젓과 약간의 고춧가루면 족하다. 고춧가루 역시 보리밭에 농약 비료 하지 않은 태양초이다. 무김치는 친환경이라 아삭하다. 한약재로 자란 고추는 고기와 음식 궁합이 맞다. 오이와 당근 역시 유기농이다. 마늘은 보리밭의 기를 받아 향이 진하다. 자급자족. 건강 식단. 성취의 맛. 입과 가슴이 넉넉하다.

가보지 않는 길을 간다. 새로움은 신선하다. 도시에서 돈으로 해결하지 못하는 자연의 영역이다.

술은 삶의 갈증을 풀어준다.

이백의 주작(酒酌)은 술의 예찬이며 극찬이다.

天若不愛酒

酒聖不在天

하늘이 술을 사랑하지 않았으면

하늘에 주성이 존재하지 않고

天地旣愛酒

愛酒不愧天

하늘과 땅이 이미 술을 사랑하였고

술을 사랑하는 것은 하늘에 부끄럽지 않네

三盃通大道

一斗合自然

석 잔을 마시면 대도에 통하고

말술을 마시면 자연과 합일하네

但得醉中趣

勿爲醒者傳

다만 취중의 아취를 얻으면 그 뿐

깨어 있는 자에게 전할 생각을 말게나

◆ **매월당 김시습**(1435-1493)

고전소설의 새로운 장을 연 『금오신화』의 저자 김시습은 시대적으로 앞서간 선구자였다.

선구자였기에 고독했을까? 고독을 극복하여 선구자가 되었을까?

3세 때 이미 글을 지을 줄 알았으니 영민한 자질을 가진 천재였다. IQ 150 정도였을까? 시를 잘 짓는 천재 소년 김시습에게 감탄한 세종은 비단 50필을 하사하였고, 13세에는 성균관 대사성을 지낸다. 그런데 15세에 어머니가 세상을 떠나고 21세에는 수양대군이 단종을 내쫓고 왕위에 오르는 소식에 책을 불사르고는 머리 깎고 승려가 된다. 능력은 출중하나 관직에 오르지 못한 매월당 김시습은 30세가 되어 지금의 남산인 금오산에서 『금오신화』를 집필한다. 47세에 환속하여 머리를 기르고 고기를 먹고 결혼하였으나, 부인이 죽고 세상이 시끄러워 방랑의 길을 걷는다.

설악산 오세암 등에서 기거하며 자연과 벗 삼다가 부여(당시 홍산)의 무량사에서 59세의 일기로 후손도 없이 세상을 떠난다. 천재였기에 고독했고 세파를 극복하지 못하여 외로웠던 매월당은 풍류가 있는 학자였다. 그래서 그를 주위에서 '삼고호(三酤好)' 선생이라 불렀다. 이 세 가지가 그에게 벗이요 풍진 세월의 동반자였을 것이다.

그가 좋아했던 세 가지는 무엇이었을까? 시를 짓고 술 마시며 거문고를 켰으니 참으로 풍류의 극치이다. 이 정도 되어야 술 마실 자격이 있다.

一作詩 二飮酒 三弦琴

술을 좋아했던 매월당은 품격 있는 술꾼이다. 그에게 술은 괴로움과 외로움을 달래준 좋은 벗이었다.

◆ **완당 김정희**(1786-1856)

3대 명필 중 한 분인 완당(玩堂)의 술에 대한 예찬은 예술의 경지이다.

사대부(士大夫) 집안에서 태어나 당시 중국 연경(지금의 북경)을 다니면서 옹방강 같은 예술가와 교류하였으니 일반인들은 상상할 수 없는 사회적, 경제적, 정신적, 문화적 지위를 누렸다. 요즘 같으면 강남에 사는 부잣집 아들이 미국 등으로 유학을 가 그곳에서 장학생으로 공부하고 능력을 인정받은 셈이다.

풍요로운 생활을 하다가 당파 싸움에 휩싸여 제주도에서 유배 생활을 시작한다. 주위로부터 부러움을 받고 부족함 없이 지낸 완당은 고립된 섬에서 인생의 쓴맛을 보면서 외로운 유배 생활을 한다. 인고의 세월은 '세한도' 같은 명작을 탄생시켰다. 고독은 예술혼을 성장시킨다. 9년간의 유배를 마치고 돌아온 그의 생각을 기록한 작품이 발견된다. 살아온 인생을 더듬어 보니 3가지 즐거움이 있다고 일필(一筆)한다.

一讀 二好色 三飮酒

인생의 첫째는 독서인데 꼭 책을 읽는 일만이 아니라, 서예가는 글을 쓰고, 화가는 산수화를 그리고, 학자는 사서삼경을 탐독하고, 승려는 경전을 게을리 지 않는 직업에 충실하라는 교훈이다. 평생 공부하라는 가르침이다. 완당에게 '一讀'은 바로 서예일 것이다. 그의 고집스런 직업의식을 느끼게 한다. 추사체의 창신(創新)을 기억해야 한다.

인생의 둘째 즐거움은 호색이라 했으니 좀 의아스럽다. 당시 사회가 성에 폐쇄적인 것을 생각하면 매우 엉뚱하다. 인생을 적극적이지만 적나라하게 표현한 것이다. '色'을 꼭 남녀 간의 섹스로 해석하면 매우 옹색하다. 큰 의미의 사랑을 표현하고 싶었을 것이다. 남녀 간의 사랑은 중요한 부분이다. 남녀 간의 사랑은 정신적 육체적인 부분을 포함한다. 당대 최고의 명필이 호색을 논하다니 그의 진취적이고 솔직한 인생관에 고개 숙인다. 호색의 '好'를 남녀가 다정하게 포옹한 모습으로 표현한 노작가의 예술은 다정하다.

세 번째는 술이라 했으니 이 또한 삶의 일부분이다.

완당의 술은 두 종류였을 것이다. 잘나가던 유배 전의 술은 쾌락이요 유흥이었다면, 유배되어 마신 술은 고독이었을 것이다. 유배 후에 고향으로 돌아와 인생을 생각하고 자연과 가까이하며 겸손의 술잔을 기울였을 것이다. 술에 쾌락과 고통이 공존한다면 전자보다 후자에서 술은 그 가치를 발휘한다. 완당의 술은 외로움, 괴로움, 그리고 그리움을 달래는 내공이 있다.

◆ **최북**(崔北)

그의 아호는 성재(星齋)로 현재(玄齋) 심사정과 남종 산수화의 쌍벽을 이룬 매우 개성이 강한 화가이다. 또 다른 아호는 호생관(豪生館)인데 붓으로 먹고산다는 좀 자조적이며 인생을 호탕하고 솔직하게 살아온 면모를 엿볼 수 있다.

어느 날 금강산 구룡연을 찾았는데 그 비경에 반해 '천하의 명사가 천하의 명산에 죽으니 그 인생이 족(足)하다'고 못 속에 풍덩 빠지고 말았다. 그의 기행은 그의 인생이었다. 아름다운 산하를 보고 그 황홀경에 자신의 마음을 빼앗긴 그의 순한 감성은 작품이 되었다. 아름다움을 죽음과 바꿀 수 있다는 그의 기이한 행동이 순수하다.

중인으로 살면서 느끼는 울분은 술을 찾게 했고, 신분의 한계를 예술로 표현했다. 지필묵 문방사우가 아니라 술까지 합해 다섯 벗이다.

◆ 김명국(金明國)

달마도를 주로 그렸으며 아호는 연담(蓮潭)이었으니 불교와 관련이 깊다. 또 다른 아호는 취옹(醉翁)으로 술, 작품, 그리고 인생을 같이했다. 얼마나 술을 마셨으면 아호를 술과 관련하여 지었을까. 자작(自作)한 아호는 아니었을 것이다. 주위 지인들이 술을 즐겨 마시니 웃으면서 정감 있게 지어준 아호일 것이다.

술을 같이하여 항상 적당히 마시면 더욱 감성이 올라 붓을 들었는지 모른다. 술에 취하고 싶은데 아직 취하지 않은 상태가 욕취미취(欲醉未醉)이다. 그런 상태, 감성이 풍부해지고 용기가 생기는 그런 시기에 붓을 들고 예술혼을 화폭에 담았다.

힘들 때 술을 마시고 피로와 시름을 극복했다. 술에 취해 있는 시간이 아름답고, 그 미학은 작품이 된다. 그에게 술은 묵향(墨香)보다 더 강한 향이 있었다.

◆ **장승업(張承業)**

오원(吾園) 장승업(張承業)은 호방한 필묵(筆墨)과 정교한 묘사력으로 조선화단을 풍성하게 하였다.

장승업의 오원(吾園)이란 아호는 1세기가량 앞선 조선 최고의 화가 단원(檀園) 김홍도와 혜원(蕙園) 신윤복처럼 나(吾)도 원(園)이라는 것이다. 그래서 조선 후기 대표적인 화가 삼원(三園)이 존재한다.

오원은 고아로 자라 어려서 남의 집 살이를 하고 어깨너머 그림을 배웠다. 화재(畵才)에 뛰어났고 술을 몹시 즐겨 아무 주석(酒席)에 나가서나 즉석에서 그림을 그려주었다. 스스로 광폭한 환쟁이라며 말술을 마셨다.

정식으로 공부하지 않아 그림을 그리면 마지막으로 그림에 대한 제목(畵題)이나 설명, 시기, 작가 아호 이름 등을 적는 '낙관 글씨'는 주위 지인들이 대필하였단다. 문자불해(文字不解), 그림은 뛰어났으나 글(씨)은 정식으로 글공부를 하지 못해 그에 부응하지 못했다.

독신으로 살았으나, 여자와 술을 좋아했던 것으로 알려졌다. 출생의 불만과 예술인으로서의 갈등을 술로 해결했다. 어쩌면 그의 거친 인생이 술을 권했을 것이다.

술 마신 오원은 거침없이 화선지를 채웠다. 소나무는 살아

있고 사슴은 뛰어놀고 난향은 그윽하다. 술과 먹은 회화의 재료가 된다. 화백은 술에 취하고 독자는 예술에 취한다.

주당(酒黨), 주객(酒客), 주선(酒仙)인 선인들의 술을 통해 그들의 삶을 생각한다.

술은 인문학의 시작이요, 그 내용을 풍요롭게 한다. 인생을 즐기듯, 술도 즐겨야 한다. 인생에 풍류를 더 하니 풍요롭다.

텃밭에서 땀 흘리고 노곤한 몸은 좀 자극적인 술을 찾는다. 부족하지 않고 넘치지 않은 주도(酒道)는 귀촌 생활을 풍요롭게 한다.

텃밭의 술은 명곡의 후렴 같다. 후렴 부분은 꼭 필요하지 않지만 있어 넉넉하다.

술 마시는 자 이름을 남기고

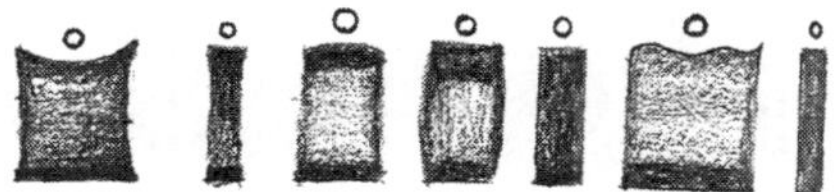

퇴직하고 도시에서 할 일 없는 젊은 어르신들, 이제 사회에 큰 족적을 남길 일 없는 낭인들, 사지 멀쩡한데 집에서 하루 세 끼 챙겨 먹는 눈칫밥들, 자신도 모르게 사회의 뒷방 차지하고 있는 잔주름들, 자신은 절대 부정하지만 절대 꼰대들. 귀는 작고 입만 큰 고집쟁이들.

틀 안의 갇힌 세상과 생각, 그런 어르신들 가까운 곳에 밭 한 뙈기 마련하여 땀 흘리자. 그리고 갈증과 피로에 막걸리 한잔 하면 신세계가 열린다. 자신의 어깨가 펴지고 눈이 맑아진다.

새 세상이 열린다. 추천합니다. 아! 우리의 젊음을 위하여 잔을 들어라. 술은 청춘이 되기도 한다.

주정뱅이, 고주망태가 아닌 품격있는 음주를 즐기자. 술 공부를 해 보자. 술 잘 마시면 정신적 육체적 도움이 된다. 음주문화(Drinking Culture)라 했으니, 문화생활을 즐기자. 술을 통해 활력이 생긴다면 이 또한 새로움이요 즐거움이다. 술은 삶의 확장성을 가진다.

* 동의보감

'술을 오랫동안 마시면 정신이 상하고 수명에 지장이 있다'

久飮傷神 損壽

'주로 약의 기운을 돕고 모든 사악한 독을 풀고, 혈맥을 통하게 하고 장위를 튼튼하게 하며 피부를 윤택하게 한다. 근심을 없애고 성내게 하면서 말을 잘하게 하고 기분을 좋게 한다.'

主行藥勢 殺百邪惡毒 氣血脈 厚腸胃 潤皮膚 消憂 發怒 宣言 暢意

즉, 술을 적당히 마시면 혈액 순환에 좋고 정신 건강에 이롭다. 분위기 있는 공간에서 좋은 술, 안주, 그리고 마음 맞는 친구와 즐기면 이 또한 넉넉하다. 술과 대화는 사람의 가슴을 열게 하는 순기능이 있다. 말랑거리는 감성을 공유할 수 있다. 인간의 아름다움을 공감하는 시간이다. 막힘을 푸는 열쇠의 기능이다.

* 체질에 따른 술 재료의 선택

'술에는 여러 가지가 있으나 오직 쌀술(米酒)만 약으로 쓴다. 찹쌀에 맑은 물과 흰 밀가루 누룩(白麵麴)을 넣어서 만든 술이 좋다.'

이런 동의보감의 내용으로 보아 옛날부터 찹쌀술을 최고로 여겼다. 귀한 손님이 오거나 조상님들 제사상에 올릴 술을 빚을 때 찹쌀을 사용했다. 물론 귀한 찹쌀이 귀한 술을 양조한다.

그런데 찹쌀술이라고 모두에게 좋은 것은 아니다. 체질에 따라 술을 만드는 재료를 선택해야 한다.

1) 막걸리 ① 찹쌀은 속을 따뜻하게 하니 몸이 차가운 체질(소음인)이 적합하고 ② 멥쌀은 성이 평(平)하니 일반인들의 술이요
2) 소주(燒酒)의 주정은 고구마이니 소음인에게 적합하고
3) 맥주는 보리를 싹 틔워 발효시켜 만들었으니 태음인 술이다.
4) 양주 역시 보리의 발효 숙성이니 태음인에게 좋다.

5) 포도의 와인(wine)은 태양인에게 적합하다.

6) 고량주는 옥수수의 주정이니 태음인 술이다.

7) 진도(珍島)가 생산지인 홍주(紅酒)는 한약재 자초(紫草)로 만든 증류주로 소양인에게 적합하다.

8) 매실주는 그 성질이 따뜻해 소음인이 마시면 약이다.

9) 고창 복분자(覆盆子)는 소양인에게 보약이다. 남자들 힘 좀 쓴다.

자신의 체질에 맞는 술은 건강에 해로운 주정뱅이의 알코올이 아니라 곧 곡차(穀茶)이다.

와인을 마시면 의외로 머리가 아프다는 사람이 많다. 포도로 빚은 와인이 체질에 맞지 않기때문이다. 두통은 매우 착한 반응이다. 포도는 사상체질 태양인 과일이다. 태양인은 매우 드물다. 목 넘김이 편하고 색깔도 은은하니 좀 폼 나게 마실 수 있는 술이지만 포도의 성미(性味)를 알고 마셔야 한다.

유럽인들은 와인을 우리의 막걸리처럼 마신다. 한의학 이론으로 설명하면 와인은 삼가 해야 한다. 유럽인들이 그렇게 와인을 즐겨 마실 수 있는 것은 반주로 조금씩 서서히 마시기 때문이요, 와인 1~2잔을 오랜 시간 마시니 우리들의 술 습관하고 매우 다르다. 잘 숙성된 와인은 그 해악이 덜하다. 우리는 와인 1병쯤이야 10분~20분이면 바닥을 본다. 체질에 맞지 않은 음식과 술은 소화 흡수가 더디고 독소를 배출한다. 속이 불편하고 머리가 아프다.

소주와 맥주를 혼합한 소맥은 정체불명의 술이다. 소주는 몸이 냉한 체질의 소음인 술이요, 맥주는 몸이 더운 태음인 술이니 음식 궁합이 맞지 않다. 시원하고 쌉쌀한 맥주 고유의 맛도 아니고 소주의 진한 짜릿함도 느낄 수 없으니 참으로 애매한 술이다. 주당이라면 술이 가지고 있는 고유의 맛을 느낄 줄 알아야 한다. 취하기 위해 마시면 진정 술꾼이 아니다.

고급 폭탄주인 양주와 맥주의 혼합은 나름 음식궁합이 맞다. 모두 태음인 술이다. 문제는 고급 양주를 맥주에 섞으면 양주 고유의 향을 느낄 수 없어 이 또한 술에 대한 예의가 아니다. 특히 고급 위스키를 맥주에 혼합하면 참으로 오랜 세월 숙성된 양주를 모독하는 소치이다. 양주의 세월을 음미할 자격이 없다. 양주의 품격을 무시한 발상이다.

술의 청탁불문, 주량불문, 안주불문, 장소불문, 체질불문이라면 술 마실 자격이 없다. 건강과 품격이 없다.

* 술의 인문학적 접근

이백의 장진주(將進酒)는 음주 문화를 격상시킨다.

'옛날 현인 달인들은 모두 적막하여 흔적이 없지만, 오직 술 마시는 사람은 그 이름을 남겼다.'

古來賢達者寂寞 惟有飮者留其名

젊은 시절 이백의 환생이자 두보의 부활이라며 술에 대한 예찬으로 많은 시간을 할애했다. 소화기내과 교수들의 음주로 인한 GOT, GTP 상승으로 인한 알코올성 지방간과 간경변의 전이 과정은 의학적인 설명일뿐 인문학적 해석과는 거리가 멀다. 술을 어디 의학적 지식으로만 판단할 수 있겠는가. 술이 주는 많은 메시지를 피 몇 방울 채취하여 검사하는 것이 전부라면 좀 옹색하다. 건강을 건강검진 결과로만 판단하면 숨 막힌다. 건강은 육체적 건강뿐만이 아니라 정신적 사회적 영혼의 측면도 있는 것이다. 혈액검사, 초음파, x-ray로 병변이 없다고 건강하다고 할 수 없고, 그 반대의 경우도 생각해야 한다.

젊은 날 과음으로 다음 날 심한 구토, 속쓰림, 두통에 시달려도 인생 공부라는 패기가 있었다. 어찌 인생을 곱게만 살 수 있냐며 간혹 술로 젊음을 혹사시켰다. 술 마시며 젊음을 이야기하고, 군사정권에 분노하고, 실연한 친구의 넋두리를 들어주고, 칸트 철학은 왜 이리 어렵던지. 불안한 미래를 알코올로 어르고 달래고, 우리의 존재를 확인하는 당찬 시간이었다. 가끔 술은 악이지만 이 또한 젊음의 함성, 광장이었다.

이백(李白)의 장진주(將進酒), 술에 취한 시어(詩語)는 너울너울 춤을 춘다.

'오화마(매우 귀한 말)나 천금(매우 고급)의 털옷을
아이 시켜 맛있는 술과 바꾸어
그대와 함께 마시고 만고의 수심 삭이리'

五花馬 千金裘
呼兒將出換美酒
與爾同銷萬古愁

자리에 손님이 가득하고
술통에 술이 비지 않으면
나에게 무슨 근심 걱정이 있겠는가

座上客常滿

樽中酒不空

吾無憂矣(孔融)

이쯤 되어야 주객의 범주에 든다.

보리밭이 한잔하자고 유혹한다.

텃밭에서 지인들과 술을 자주 많이 마시면 전원생활을 망가트릴 수 있다. 흙 일구며 땀 흘리고 마시는 술 얼마나 맛있겠는가. 하지만 **자주 술에 취하면 자연에 취할 시간을 빼앗긴다.**

시골 텃밭 작은 오두막 농막에서 즐기는 혼술의 밤은 찬란하다. 고향을 추억하고, 돌아가신 부모님, 그동안 연락하지 못했던 친구들. 그리고 울적하면 마음을 음악에 빼앗겨 본다. 자신을 달래보는 시간을 갖는다. 술 한잔에 얼굴이 붉고, 또 술 한잔에 기분이 붉어지고, 또 한잔에 가슴이 울컥하면 왠지 텃밭의 바람이 그립다. 밖으로 나오면 어두운 밤이다. 밤의 깊이를 산의 능선을 통해 가름해 본다. 밤하늘의 별은 그렇게 인사하고 밤나무에 걸친 달이 처연하다. 밤이 살아있는 것은 밤하늘의 구름이 어둠 속에 소리 없이 흐르기 때문이다. 밤바람은 제법 찬 공기를 품고 있다. 도시의 네온사인과 고성이 아닌 시골 마을의 고요와 침묵의 공간이다. 혼자 그 묵직한 자연을 즐긴다.

사무치게 좋다. 술과 함께 자연과 친해지는 시간과 공간이 귀하다.

도시의 술은 군중 속의 외로움인데, 시골 어둠 속의 술잔은 교감이 있다. 살아온 희로애락의 실타래가 풀려 춤을 추고 주인공은 울고 웃는다. 후회, 고통조차 녹는다. **미움이 곱게 숙성된다**. 술은 순수로 빚은 정신문화다. 어둠은 주인공의 마음을 감싸주고 위로해 준다. 술이 어둠 속으로 스며든다. 가끔 6평 농막에서 그렇게 나만의 축제를 즐긴다. 어둠과 교감한다.

김경택 산문집

보리밭에서 감자를 캐다

초판인쇄 2025년 12월 10일
초판발행 2025년 12월 17일
저 자 김경택
발 행 인 권호순
발 행 처 시간의물레
등 록 2004년 6월 5일
주 소 경기도 파주시 숲속노을로 150, 708-701
전 화 031-945-3867
팩 스 031-945-3868
전자우편 timeofr@naver.com
블 로 그 http://blog.naver.com/mulretime
홈페이지 http://www.mulretime.com
I S B N 978-89-6511-579-3 (03800)
정 가 17,000원